U0009807

離線練習

Ando Mifuyu

安 藤 美 冬

這是一個
「過度連結」的時代。

耗損心神的
社群網路、大量資訊，
以及人際關係。

其中，
有多少是我們真正需要的？

「點我！點我！」
在這類訊息不斷向人招手的今日，
我想跟各位提議一種新生活運動──
離線練習。

絕非要你「與世隔絕」。
而是希望──

你所連結的，
都是真正重要的人、重要的事。

這才是本書的目的。

前言

現代人的通病
「手機成癮症」、「連結疲乏症」

二○一○年代的重大革命之一，無疑為「手機革命」。

從此，人人不再只能被動接收訊息，而能主動出擊，成為活躍的訊息發送者。

於是，YouTuber、網紅、直播主等，利用 SNS（＊社群網路服務）展現魅力的人、藉此營生的新興行業，如雨後春筍。

其中，有人更擁有數量足與藝人匹敵的粉絲群、追蹤者，進一步善用廣大的知名度而賺進大把鈔票。

你的自言自語能夠吸引目光，形成一股浪潮，引發世人熱議。這已不是夢話，在今天，絕對可以成真。

編注 ┃

社群網路服務（SNS，Social Networking Service，主要用在幫助擁有相同興趣與活動的人群，建立社會性網路的互聯網應用服務。讓大家互相聯繫、交流，比如電子郵件、即時消息等。目前世界上有許多，較為大家熟知的有 Facebook、Messenger、Instagram、iMessage、Line 等。而大陸地區社群網路服務為主的網站有微信、抖音、微博、百度貼吧、知乎等。

透過六個人，你就能與遠在天涯海角的陌生人產生連結，這是著名的「六度分隔理論」，換句話說，只要有 SNS，人人皆可透過共同認識的人產生連結，也能即時獲得古今中外的所有資訊。

智慧型手機是「二十一世紀的基礎建設」、「深具影響力的武器」、「美夢成真的工具」，也是你與世人、社會產生連結的「好夥伴」。

然而，這個好夥伴也同時為我們帶來後遺症：

例如「手機成癮症」、「連結疲乏症」。

無時無刻，我們的心神因為與人產生連結而耗弱，因為龐大的資訊襲來而疲乏，卻不由自主地頻頻滑手機。

最近，終於有人對「手機成癮症」敲響警鐘，可我認為，這個聲音，相對於人們切實的苦惱、潛在的需求而言，實在太小了。

況且，世人普遍將「連結」視為美談，宣稱資訊都在安全網的保護中，那麼，談論如何取捨 SNS、資訊、人際關係的機會就更少了。

「SNS傳教士」是我斷捨離手機的主因

我就是在二〇一〇年代初期，經營Twitter（推特）、Facebook（臉書）等「自媒體」而改變人生的一個人。

我在SNS上分享訊息，與眾多人結緣，進而開創新事業，成為電視等大眾媒體的常客。

這些節目每每引爆話題，於是我的追蹤人數，光是Twitter就輕鬆超過五萬人，每天都收到大批信件及加入好友的請求。

有一天，不過短短數小時，我的Facebook交友邀請數度爆表，變成了「★」符號（大概是超過一千人吧）。

我原本是個沒沒無聞的上班族，離職後才一年半時間，就在數家雜誌及網站上連載，也經常上電視節目當評論員，接受媒體採訪，進行名人對談、演講等活動。

不隸屬任何組織，以個人技能為營業武器，這種稱為「自由工作者」的新工作型態，如今已廣為人知。

隨著免費Wi-Fi普及，日本各地皆有共同工作空間，許多企業也導入「居家辦公」、「遠距上班」系統，於是，在咖啡館打開筆電工作的「數位遊民」身影，已是日常風景。

不知我是否成為助長這種變化的一份子，總之，當時的我，可說是一名「SNS傳教士」，不斷向年輕世代宣揚新的「生活方式」、「工作方式」，並鼓勵他們善用社群網路資源。

　　可是，之後的數年間，我的心情及想法起了莫大變化。二〇一七年，我開始與網路保持距離，翌年，我完全退出SNS，極力不碰手機，並限制上網時間。

　　之所以這麼做，是出於三個理由。

1　自由時間變少了。

　　我用電腦或手機上網的時間，每天平均達五至六小時。即便不上網，我依然心繫大家對貼文的反應及留言，以至無論工作或生活，皆無法「活在當下」。

　　而且，我把貼文當成工作，導致沒有危機感地讓SNS完全占據我的生活。

2　無法自在貼文

　　隨著追蹤數增加、知名度提高後，我無法再像從前那樣自在貼文了。即便我已經謹言慎行，但一個不小心，依然有可能遭到批評，甚至被網友群起砲轟。

　　原本最喜歡的SNS變成一種麻煩，於是越來越不想碰，懷疑自己究竟所為何來。

3 不適應「虛擬世界」

這點，不僅體現在我的個人發言，也包括別人的發言。

不得罪人的場面話、無傷大雅的小謊言、讓自己顯得更完美的做法……

我對這種「大人的世故」感到厭煩。

不但覺得在網路上難以建立「真實的關係」，也找不到為此注入龐大心力的意義。

脫離 SNS 才領悟到的「六大好處」

雖說如此，我也不是立馬就成功脫離 SNS 等網路世界。

脫離 SNS 最讓人害怕的一件事，就是失去許多的機會與連結。

事實上，一退出 SNS，我的世界瞬間縮小了。

這下，只有真實世界的朋友及工作對象才聯絡得到我，世界變小是自然的，但反過來說，切斷 SNS 就切斷的人際關係，居然這麼多。

讓我不得不去思考：「究竟什麼才是真正的連結？」

脫離 SNS 前後的各種真實體驗，我將在第 1 章以後娓娓道來，這裡，我想先分享「放下手機的六大好處」。

① 時間變多了
　　花在 SNS、上網的時間，我個人是每天減少五、六小時，一般人平均是二至五小時，而多出來的時間，全都是自由時間。

② 內心從容有餘
　　不再糾結別人的貼文，不再與人比較而落寞寡歡，也不會被「我要貼出更厲害的文章！」這種好勝心綁架。
　　終於得以回歸「我是我，別人是別人」這個極其理所當然的現實世界，用自己的方式過生活。
　　專心與重要的人交談，全心享受旅行的時時刻刻。於是，每天映入我眼簾的風景不一樣了。例如，我在通勤時會眺望天空，也會因花鳥草木之美而感動不已。我恢復我的感性了。

③ 朋友名單去蕪存菁
　　我意識到，我的人際關係其實很多是可有可無的。
　　離開 SNS 後，留下來的名單，都是我在現實生活中想見面、想聯繫的人。
　　我隨時可以透過電子郵件、LINE、電話、共同友人等，與這些朋友取得聯繫。

④ 重新調整「認同需求」

認同需求與 SNS 之間，看似有著切也切不斷的關係，其實不然。

認同需求是一種「想獲得別人認同」的欲望，但絕大多數的人並非想透過 SNS 獲得認同吧。

大家真正渴望的，是獲得心愛的人的認同，或是透過工作、作品的表現，贏得別人的認同才對。

只要打消利用 SNS 來便宜行事的念頭，轉為「想拿出真本事來獲取認同」的意志，就不會處心積慮在 SNS 平台上報告近況，貼出企圖博取欣羨目光的內容了。

⑤ 直覺敏銳，靈光乍現

現代人常為大量的資訊耗腦力，為麻煩的人際關係狂燒腦。SNS、各種資訊、人際關係，以及隨之引發的負面情緒，都是我們的三千煩惱。

只要減少這類煩惱，我們自能心平氣和，思路冷靜，進而擁有敏銳的直覺，時而靈光乍現。

⑥ 活力充沛，幹勁十足

時間更自由、內心更寬裕後，便能擺脫各種煩惱帶來的精疲力盡，身心開始充滿力量。

這麼一來，那些被「煩惱」消耗的能量，便能注入「真正想做的事情」中，讓人幹勁十足。

不必急著徹底排毒

即便列出這六大好處，我也明白，你無法立即放下手機。

一天花五至六小時，甚至超過十小時在手機上而滿懷罪惡感的經驗，我可是不少。

若要一次徹底排毒，肯定壓力山大，連大腦都會抗拒吧。

因此，我要向大家介紹的是「循序漸進的改善方式」。

本書分成兩部分，前半段是「離線練習」，後半段是「上線練習」。

第 1 章至第 5 章的「離線練習」中，我除了介紹不與「SNS」、「資訊」、「人際關係」連結的方法，也會介紹如何擺脫「常識」束縛、甩開「負面情緒」的方法。

而在第 6 章至第 7 章的「上線練習」中，則分別介紹與「內心」、「重要人事物」產生連結的方法。

本書目的就是：藉由「不連結」，進而「連結」到真正重要的人事物。

　　希望透過接下來的練習，你能好好守護自己的心靈與生活，輕鬆自在地做自己。

這樣讀，更有效！

1. 在安靜的地方閱讀

建議你在自己的房間或飯店房間等盡可能聽不到講話聲音的地方，靜靜地打開書閱讀。

2. 放鬆心情閱讀

沒必要在心浮氣躁或極度疲憊時勉強閱讀。

3. 一點一點慢慢讀

不必一口氣讀完。可以花幾天時間，用自己的節奏慢慢讀。當然，從哪一頁讀起都無妨。

4. 邊讀邊與自己的內心對話

你會邊讀邊有所感。對這些令你糾結或令你安心的內容，請務必仔細咀嚼，傾聽你內心浮現的「真心話」、「疑問」、「覺察」。

5. 不必完全認同

請放心，對於書上的內容，你不必照單全收，也不必信受奉行。只要練習有共鳴的部分、「應該做得到」的部分即可。

目錄

第 1 章

不與 SNS 連結的
八種練習

— 避免耗損心神的方法 —

第 2 章

不與資訊連結的
六種練習

― 對答案無所質疑的方法 ―

第 3 章

不與人連結的
七個練習

— 保護自己的方法 —

第 4 章

不與偏見連結的
七個練習

— 做自己的方法 —

第 5 章

不與負面情緒產生連結的七種練習

—— 歲月靜好的方去 ——

第 6 章

與心連結的
七種練習

── 每天都心動的方法 ──

第 7 章

與真正重要的
人事物連結的
六種練習

— 事半功倍的方法 —

第 1 章

不與 SNS 連結的
八種練習

— 避免耗損心神的方法 —

擺脫「連結疲勞」

在二十世紀之前，訊息傳播是大眾媒體及部分知識分子、名人的專利，但現在，人人皆有機會成為人氣不輸藝人的網紅直播主。這些人藉著SNS提高知名度與影響力，成功創建粉絲團，賺取收入。

這些人都有數十萬至數百萬名追蹤者，他們愛用的商品無不熱賣，他們的發言也會影響輿論。在日本流量第一的網站「雅虎新聞」上，個人發言與電視台、報社的新聞記事是並列刊載的。

雖說這樣的人物畢竟有限，必須達到一定的條件才行，但這種現象應該是從前想都想不到的吧。

據說，「網紅」已成為青少年的夢想職業之一。

可見，在青少年的認知上，經營SNS已是一種工作型態了。一方面，SNS華麗改變人們的生活，另一方面，誠如所謂的「連結疲勞」、「按讚疲勞」般，SNS確實帶來一種「無時無刻與

人連結」所產生的壓力。

SNS 讓人彷彿看得見陌生人似的。同世代的人氣王、美夢成真的成功者、稱頌幸福家庭生活的誰誰誰……

你是不是也曾因他們的投稿內容而喜怒哀樂呢？

任何人皆可在 SNS 上發表訊息，反過來說，表示任何人皆可透過 SNS「觀察」你。

你在做什麼、你在想什麼、你和什麼人來往、你過著什麼樣的生活……

任何人不僅可以觀察你，還能評價你、批判你，甚至群起砲轟你！

如果樂在與人連結的活動中還好，但如果因為別人的投稿而心慌意亂、厭煩不耐，那表示「黃燈亮了」。

黃燈是來自你內心的警示，提醒你：「是時候檢視現狀、做出改變了。」

請先確認你的「所在位置」。

然後，思考你與 SNS 的最佳距離，以及最佳交往方式。

☑ 準備紙筆，寫下 SNS 的優缺點。是不是黏得太緊了？能不能有更健康的交往方式呢？

走出網路圈

　　網路籠罩著全世界。街上任何角落都有免費 Wi-Fi，據說連在撒哈拉沙漠都能上網。

　　如今，沒有網路的地方，與其說不便，似乎更是一種「珍貴的體驗」了。日本有旅行社開始推廣所謂的「圈外旅行」，帶大家到沒有網路的離島去度假，也有許多旅宿禁止使用手機、電視，成為熱議話題。

　　我也曾經有過這種「珍貴的體驗」。
　　那是我在環遊世界「和平號」（Peace Boat）郵輪上擔任演講人時。在海上其實可以使用衛星通訊，但費用不貲，而且訊號不穩定，有時會在完全無法上網的區域航行數日。

　　於是，我決定不上網了。
　　就這樣在船上工作三週，意外地完成一趟「圈外旅行」。
　　不上網的日子過了三天，然後過了一週，漸漸地，我已習慣這種「異樣」的環境。

驀然回首才驚覺，為什麼我會那樣忙著上網跟大家報告近況呢？

在這趟旅行之前，每有活動，我便會圖文並茂地昭告天下：「手拿護照，奔向機場！」、「美國我來了！」、「我人在墨西哥！」而且毫不覺得奇怪，甚至認為這是我工作的一部分。

可是，我終於發現。
在不必上臺演講的自由時間裡，我走到甲板上，眺望船舶前進所激起的滾滾浪花，仰望藍天，吹拂海風時，根本將近況報告這些事拋諸腦後了。

郵輪的行駛速度是飛機的二十四分之一。
換句話說，搭飛機一小時可到的距離，搭郵輪要一天。
或許有人會生氣：「搭船太沒效率了！」
但反過來說，能夠慢活，不也不錯？

一個月一天就好。將手機放在家中，出門吧！
雖不能使用 Google Maps，不能查看美食部落格，但也不會讓 GPS 跟蹤你。
向外踏出一步，你將發現，手機裡沒有的「世界」無限寬廣！

向外踏出一步，你將發現，手機裡沒有的「世界」無限寬廣！

不要低頭滑手機，抬頭欣賞眼前的種種景致吧！

常走的上學步道、熟悉的十字路口、老在路邊享受日光浴的浪貓、尋常的小巷弄……，請不帶成見地再次細細品味。

說不定能感受到令人屏息之美喔。

只要捐棄「沒什麼好看」的成見，他們就會以真實面貌呈現在我們眼前。

☑ 不帶手機出門，
　好好享受不上網的慢活時光吧！

放下手機才領悟到的事

　　為期三週的「圈外旅行」結束後，回到家，我對 SNS 的熱情便急速退燒。

　　從前像每日功課般勤於進行的近況報告、（工作）宣傳、上網互動等，已不再覺得那麼重要了。

　　取得若干影響力、發言力，以網紅身分從事各種工作，並與名人、粉絲交流，我承認，過去我十分樂在其中。

　　然而，花費大量的時間與精力，欺騙自己「這也是工作的一環」而一頭栽進 SNS 中，也是事實。

　　一天掛網六小時，這樣的生活持續了七、八年。

　　這就是所謂的「手機（SNS）成癮症」。

　　不，應該叫做「認同成癮症」、「連結成癮症」吧？

　　想到期待我貼文的人、想到工作，難免猶豫不決，但是最後，我選擇聽從內心的聲音：「在沒有網路的世界好好生活吧！」

話雖如此，與長期賴以為生的 SNS 訣別，談何容易。即便誓言「不再看 Facebook」，仍像「巴夫洛夫的狗」般，一早起來就去摸手機，打開 App。

　　想到同世代的友人們競相 po 出五花八門、精彩好玩的內容，我便心生不安：「我可以這樣孤立自己、離群索居嗎？」

　　為了對 SNS 斷捨離，我花了兩年時間貫徹以下三步驟：

步驟 1：限制時間
步驟 2：刪除手機 App
步驟 3：退出會員

　　步驟 1 是「時間限制」。
　　起手式為起床後一小時及就寢前一小時設為「飛航模式」，不碰 SNS，不上網。接著，不工作的日子則延長不碰手機的時間，例如「中午前不看手機」、「下午一點到四點不看手機」。

　　和減肥原理相同，斷然設下限制後，很容易產生報復性反彈。因此，我並未完全壓抑想碰 SNS 的欲望，而是一點一點增加飛航模式時間，以「軟著陸」的方式讓自己逐漸習慣「離線生活」。

擺脫「手機（SNS）成癮症」的三步驟

經過半年，大致習慣離線生活後，我便進入步驟 2「刪除手機 App」。

我把手機上的 Twitter、Facebook、Instagram、部落格等用來發文的 App 全數刪光了。不過，我仍然可以從電腦進入，算是保留一條「後路」。當時，我除了寫稿及編輯資料是用電腦外，其餘都是利用手機，因此效果立現！除了特定工作，我不用這些 App，於是日漸淡忘，SNS 已變得可有可無了。

終於進入最後階段的步驟 3「退出 SNS 會員」。

退出會員是在我參加一個海外視察活動的出發日早晨。我對一起出團的成員說：「我要退出囉！」然後一刀兩斷。當時，好多人跟我說：「你真的退了啊！」、「哇，你這種壯舉可以成為大家的榜樣呢。」

在從日本出發的飛機上，我一邊沉浸在過去與 SNS 共生的回憶中，一邊對「沒有 SNS 的新世界」充滿了期待。

☑ 光是步驟 1 就很有效。請試著在就寢前、起床後的一小時，設定成「飛航模式」吧。習慣後，再繼續挑戰步驟 2、步驟 3。

培養「無視」的能力

某個意義上，SNS 算是很公平的世界。

影響力、粉絲數或有不同，但方法和起跑點則人人一致。

透過共同友人，或是進行搜尋，誰都能與他人產生連結。

你可以看到高高在雲端上的大人物們的投稿，甚至可以互為粉絲。正因為如此，有人誤以為他和對方很親近。

例如，明明已經註明「僅接受朋友的交友邀請」，但還是有人不客氣地來敲門請求加好友。

如果擱置不理，這些人會私訊：「我是某某某，請加我好友好嗎？」

我有一位朋友，起初他在接到陌生人的交友邀請時都會很有禮貌地婉謝，但後來發現這種事情沒完沒了，於是改為一視同仁地刪除這類人的請求，而且是訊息讀都不讀地直接刪除。

有些人認為，既然我都訂閱你了，當然要禮尚往來才公平。

當中，不乏有人是藉著增加「朋友」來撈錢的。他們只想隨手與人產生連結，拓展自己的影響力及知名度，並非真正關心每一位「朋友」。

面對 SNS 上偶爾碰到的這些人，要進行「離線練習」應該不難才對。

說的不好聽些，正可以利用這些人來讓自己習慣「刪除」、「無視」和「取消訂閱」。

這些人原本就不是真心來互動的，也就不太會有罪惡感吧。

能夠採取毅然決然的態度後，你才能夠進入真正的「離線大考驗」。

例如，開始逐步處理（刪除）那些耗你心神的身邊親友的要求。

☑ 「無視」能力是可以培養的。就從「無視」那些你不認識的人開始吧！

不要看到貼文就按讚

秒回訊息。

對朋友、客戶的投稿按讚，對別人的留言和按讚立馬表示感謝。就算不是緊急電話，也會即刻回電……

最近很多人轉為居家辦公，於是，與工作相關人員、公司同事聯繫的時間似乎增加了。

就連假日訊息也沒停過，還有人會透過 SNS 來洽談工作，結果，豈止身心不得休息，要是聯繫內容讓人不愉快，感覺整個假日都要泡湯了。

像這樣一直「被對方牽著鼻子走」，終會墮入痛苦的深淵。

重點是，你不能被人牽著鼻子走，你要有自己的主軸，我稱之為「我的風格」。

例如，「關閉 SNS 的通知」、「告訴大家，除了緊急電話外一律不接，只收訊息」、「某些時段設為飛航模式」，或者，「每隔兩天停用一天 Facebook」、「僅限很熟的朋友才會按讚或留言」等。

決定好自己的風格後，就徹底執行吧。

可以的話，不妨把你的風格昭告親朋好友。如果你是能夠自行安排工作的自由工作者，那麼讓對方知道你的風格再接案，才能合作愉快。

「罪惡感」、「愧疚感」只會在初期作祟，別擔心，這些會隨時間逐漸淡去。

設定好自己的風格，並且昭告親友，也是藉這個機會告訴對方：「我就是這樣的人。」

例如，事務局 A 小姐一開始就跟我明說，「我週六日不工作」、「平時晚上八點以後，我不回覆任何留言」等，拜此之賜，我們得以互不造成壓力。

大家把話說清楚才不會心存芥蒂，才能建立信賴關係。

但願這種文化不是只在我們這種個人之間形成，而能推廣到在公司等團體工作的人員中。只要越來越多人拿出勇氣，畫清界線，依照「我的風格」做事，大家就能輕鬆愉快地交流了。

☑ 為了活得更自在，請建立「我的風格」。
別擔心，罪惡感會日漸消失的。

偶爾甩掉手機，不也輕鬆自在？

產生表裡不一的假象

在與 SNS 保持距離之前，我最不適應的，不是動不動就砲火四射的 Twitter，而是 Facebook。

純粹是我個人的感想，我覺得比起匿名而愛說什麼就說什麼的 Twitter，採實名制而看似有秩序的 Facebook 反而容易誤導人。

怎麼會這樣？想來想去，我想出了一種可能。

Twitter 是匿名的，不論好壞，大家寫的都是「真心話」。
而採實名制的 Facebook 就不是這樣了。即便心裡碎碎唸，還是只會寫些「場面話」，或是隨便按讚了事。

「受邀參加一個廣發邀請的活動」
「結婚紀念日、孩子慶生的報告」
「認真打拼的幹勁」

面對這類貼文，你會不會在內心嘀咕：「這個人拼發文拼過頭了吧！」、「愛現表示內心太空虛！」、「吹牛！」？

但你不會真的赤裸裸地留言。我覺得，Facebook 中充斥著這種表裡不一的假象。

當你覺得那篇貼文「怪怪的」，請不要急著按讚。
請你想想，你是「真心認為」那篇貼文值得按讚嗎？

☑ 如果只是出於「客套」而按讚或留下一些「場面話」，那不如閉嘴吧。

Instagram 的景色
是真實的嗎?

將自拍照加工到幾乎「失真」後上傳。

只呈現日常生活中「美好的一面」。

讓自己顯得「更厲害」。

有些網紅或許不能苟同以上做法,於是大膽曬素顏照,或是不再貼出千篇一律的「理想生活」,故意暴露出「後台人生」。

這算是對假象的一種「反制」吧。

你每天都在看的 IG 美照。

增加天空的明亮度,提高花朵的鮮艷度……。這是一個攝影者隨意加工過的世界。

這樣的景致真實嗎?

☑ 看見那些令你欣羨的人物和生活,也不必比較。因為他們的真實模樣,你根本看不到。

IG 的世界「未必等於」真實世界。

不想受傷的話，
就燃起你的熱情吧！

　　網路上的誹謗中傷情況逐年惡化，已成為嚴重的社會問題。

　　從住家或公司的電腦、手機，或是從網咖，隨時隨地，就連此時此刻，都有某人正在中傷某人。他們用手指敲敲鍵盤就可能把人逼上絕路，於是出現「鍵盤殺人」這樣的流行語，日本還把這種現象拍成電視劇。

　　遭到這類誹謗中傷的受害者何其多，而且不只藝人、文化人、網紅而已。在學校的地下八卦版，許多部落格的留言欄，都有人正在進行殘忍的網路攻擊，殺得你死我活。

誹謗中傷還衍生另一個社會問題。
那就是「削弱挑戰意志」。

有一次，朋友讓我看他的 YouTube 的畫面。
我不是故意要偷看，但那支影片的下面，出

現一堆「演藝圈八卦新聞」的觀看紀錄及推薦影片。

　　不倫、吸毒被捕、炎上……，全是這類悚動的標題，而且，表示觀看進度的紅線已經延伸到右邊了。

　　這位女性朋友個性溫和，能力很強，但總是太在意別人的眼光，遲遲不敢挑戰心目中追求的工作。

　　說不定，她之所以過於害怕社會、害怕別人而不敢勇於挑戰，就是看了這些影片和新聞的關係吧。

　　看到別人在互撕、互砍，即便與我們無關，我們的心靈仍會受到創傷。

　　雖想踏出去一步，但提不起勇氣。因為害怕失敗，因為不喜歡失敗招來別人的嘲笑，因為不願像那人那樣被眾人討厭，因為絕對不能成為網路上的箭靶、笑柄……

　　即便想做點什麼，也會因為「反正又做不到」、「身邊的人會怎麼看呢？」這類恐懼心理而自己把好不容易探出頭的芽給摘了。

　　有人說：「恐懼是創造的敵人。」

要超越恐懼，就要盡全力擴大你的熱情。

因為熱情可以壓制恐懼。

　　我曾到荷蘭的阿姆斯特丹大學交換留學。那段期間，我認識到當地一種自由且彈性的工作型態，叫做「工作共享」（work sharing），並且大受刺激。

　　從此，當一名自由工作者，帶著筆電邊享受旅行邊從事不受時空限制的工作，成為我的夢想人生。

　　後來，我大學畢業，進入職場，做了幾個工作，原本打算在三十歲時離職，但實在放不下穩定的經濟收入，就這樣過了一年、一年半。

　　無法回頭，可也無法前進……

　　日日糾結中，我的心靈導師介紹我看一本書，岡本太郎的《讓自己中毒》（自分の中に毒を持て）。

　　翌日，我到公司附近的書店買到書，然後直接到咖啡館展讀，當時所受到的衝擊，經過十年了依然不褪。

「安全的道路，或是危險的道路？

若你困惑，就選危險的道路。」

　　岡本太郎表示，他不懼一切的批判、否定，也不迎世、媚俗，全憑貫徹自己的意志與感性來創作。

　　平凡如我，自不能厚顏與大師比擬，然而，從書頁中迸發出的狂熱與氣魄，在在震攝我的身心，催我淚水奔流。

　　當我站在矗立於大阪的太陽之塔前方時，我心意已決。
　　我要用我的方式過我的人生。
　　什麼安全的道路，狗屁！
　　之後，我抱持「什麼都可以當成工作來做」的心態而踏出的第一步，就是 SNS 的斷捨離。

　　於是，一如繪畫上的遠近法般，我眼前的恐懼逐漸遠去，而遠方的熱情開始清晰可見。
　　熱情的力量可以推你往前跨出一步。
　　首先，你得動手開挖你的熱情。
　　一如挖鑿溫泉般，你得開挖出你的熱情泉源。

　　想想你心目中最勇敢的那些人。
　　找出你內心中最熾熱、最蠢蠢欲動的部分。

　　☑ 挖掘你的熱情泉源。

第 2 章

不與資訊連結的
六種練習
— 對答案無所質疑的方法 —

與資訊斷捨離

　　根據一項調查，日本人使用智慧型手機的時間，有超過一半的人「一天使用二至五小時」。

　　而且，似乎實際使用的時間遠高於本人的自覺。例如，本人覺得是「二小時」，但檢查螢幕使用時間（會顯示手機各 App 的使用時間），發現使用「五小時」的人並不少。

　　以一天使用手機四小時來算，一年就用掉了六十天！

　　雖說應該有不少時候是因工作所需，但應該不難想像，我們究竟花了多少時間在手機上吧？

　　眼睛看得見的部分，我們會去注意。

　　例如，屋內塞滿東西造成生活不便；在衣櫃裡梭巡一遍，思考今天該穿哪一件……

　　那麼，「資訊」呢？

　　你注意到資訊已經氾濫了嗎？

　　你會認真選擇今天想看的資訊嗎？

　　根據統計，每個日本人平均下載了一百個應用程式，實際上卻使用不到 40%。

　　資訊無形無狀，要多少就有多少。

　　無數資訊正透過 SNS、電視、車廂廣告等，如雪片般飛來。

　　然而，並非無形無狀，就不對生活造成影響。

　　其實，資訊的影響力比實物更為深遠，不論好壞，皆在在動搖你的心。

　　以下這類應用程式，應可列入你與資訊斷捨離的下手目標。

1　一年以上沒用、沒看的。

2　對現在的你沒用的（即便過去有用）。

3　使用後會讓你產生不安、焦慮等負面情緒的。

只要花一點點時間，你就能做到這些事：

　　．刪除手機上這些好久沒用的應用程式。

　　．取消訂閱網購後自動寄來的商品電子報。

　　．取消追蹤已不感興趣的人（企業、商品）。

　　．退出超過一年沒活動的 LINE 群組。

．針對那些看了會不安、不悅的友人或工作對象的貼文，
　全部設定為「隱藏」。
．轉台，不看那些讓人不安、生氣的電視節目。

不過，即便你可以完全做到這些事，但如果友人或工作對象聯絡你，恐怕會一時不知所措吧。

針對這些人的處理之道，請參考第 37 頁「不要看到貼文就按讚」。

臉書的話，你可以在瞞著對方的情況下，將其貼文設為「隱藏」。

LINE 的話，在你退出群組的那一刻，你就不會再收到群組成員的任何訊息，再說，如果該群組已經超過一年沒活動了，就更不會有人責難你的退群才對。

如果要跟被你隱藏貼文的朋友或工作對象見面，「只要在見面前」快速瀏覽一下他的貼文即可。在搜尋欄輸入姓名，讀幾則最新貼文，就能跟上話題了。

萬一，有人不滿你的隱藏貼文或退出群組而誇張地大動肝火，你也別太在意。只要說明你是為了擺脫 SNS 成癮症，我想大部分人都可以接受的。

重點是，應先建立好「我的風格」，免得麻煩。

強調你的離線動作是出於你的風格，無關對某人的好惡。

若是這樣都還招來批評的話，請告訴自己：「他的情緒是他的問題。」他要如何看待你的行為是他家的事，別理他了。

☑ 刪除手機上許久沒用的應用程式。沒在閱讀的電子報也一併取消訂閱吧。

我不想被 AI 精準預測！

　　Facebook 和 Amazon 會對用戶推播精選廣告、專屬推薦，而且每個人收到的都不一樣。

　　說好聽是「推薦」，但這些商品，其實是 AI 根據你的購買、檢索內容，亦即根據你的行為及興趣所「演算」出來的結果。

　　隨著演算的精準度提高，你會在不知不覺中做出和「過去的自己」相同的行動；進而，「過去的自己」的想法及價值觀便一直重複置入你腦中。

　　AI 不是壞東西，AI 是我們的好朋友，讓我們的生活更豐富、便利。

　　不過，我們應該嘗試時不時偏離 AI 的「預測」，偏離「過去的自己」所製造的軌道。

例如，刻意不重複過去的購買行動、視聽行動。

怎麼能事事都被人家預測到呢！

偏離脫道，是我們能做的「一點點反抗」了。

何不跳出網路空間，探索真實世界的一隅呢？

例如，街角那家書店裡一些平常不會去逛的角落。

「摩托車」、「一個人露營」、「配色事典」……等平常不會去翻的書。

翻閱未曾涉獵領域的書，有時會有意外的驚喜及趣味。

即便你覺得索然無味，畢竟你展開新行動了，那一刻便已建立新的軌道。

也可從別人那裡獲得資訊。

若能從不同年齡、職業的人那裡收集到各式各樣的資訊，更好。

最近，我開始開放心胸，眼前的人推薦我什麼，我就試它一試。

閱讀之前不感興趣的作家的小說，訂購香甜的冷凍地瓜、在陌生街頭的餐廳用餐、參加我一直認為我不需要的心理學和速讀講座等，這類透過別人介紹而有的新體驗，真是多到不勝

枚舉。

　　一點也不誇張，如果我沒決心要「眼前的人推薦我什麼，我就試它一試」，我可能一輩子都不會有這些新體驗。

　　沒必要太認真。
　　抱點玩心享受它吧！

　　現在就偏離一下「演算法」推給你的軌道吧！

　　☑ 去書店探索，走到平時不會逛的角落，翻開一本不曾涉獵的書。何不用好玩的心態試試別人的推薦呢。

憑身體感覺來取捨資訊

　　說要慎選資訊，但資訊畢竟不像物品那般容易決定用或不用，多數人都覺得對資訊下判斷很難吧。

　　特別是煽動不安的資訊，由於刺激性強，容易讓人成癮。此外，資訊來源越可靠，對接收者的影響就越大。

　　我認為資訊應有的功能，是對你的情緒及思考產生正向的刺激、啟發。如果某些資訊徒增你的不安與恐懼，導致你畏首畏尾，那是本末倒置，應加以拒絕。

　　因此，你有必要知道，對你而言，什麼是「好的資訊」、「要小心的資訊」。

　　　好的資訊＝讓你充滿幹勁、希望等正面情緒。
　　　　　　　讓你想有所作為、有所行動。

　　要小心的資訊＝讓你產生無力感、不安等負面情緒。
　　　　　　　　讓你喪失動力、因不安而裹足不前。

我的身體想要什麼？

換句話說，帶給你正面影響的就是「好的資訊」，帶給你負面影響的就是「要小心的資訊」。

不論哪一種，都跟是不是專家、權威人士的發言，或是知名網紅的意見完全無關。

新聞、講座、SNS 所傳達的美容、減肥等一切資訊，你的選擇標準，應該是看它帶給你的影響是正面或負面的。

你心中要有一把明確的尺，才能分辨好壞，不被各種資訊耍得團團轉。而且，你應該相信你的「身體感覺」。

請注意，當你接觸到某些資訊時，你的情緒和身體起了哪些反應。

是全身舒緩放鬆，還是緊張僵硬呢？每次接受資訊時，都應一一確認。

一旦習慣確認身體的感覺，在你接受到資訊的那一刻，你就能立即分辨那是「好的資訊」或「要小心的資訊」了。

☑ 應與讓你產生負面情緒的資訊保持距離。
你的「身體感覺」會告訴你那是「好的資訊」或「要小心的資訊」。

不要胡亂搜尋資訊

有項問卷調查顯示，高達九成的孕婦會因為不安而上網搜尋懷孕相關資訊；雖然有將近一半的人因此獲得安慰，但也有四分之一的人因此更加不安。

大家應該都有因為不安而上網搜尋資訊的經驗吧？

但是，上述的問卷調查結果告訴我們，搜尋資訊後不但不會消除不安，有些人反而更加忐忑了。

我朋友的女兒剛畢業進入職場，他們公司採全面遠距上班，於是她每天都待在家裡工作。

起初她挺享受這種自由自在的工作模式，但不久便煩惱起來。

由於不能每天到辦公室，她覺得她與上司、同事之間隔著一道高牆，無法和他們打成一片。

缺乏社會經驗的她便上網尋求協助，找到許多人分享類似的經驗，但問題來了，大家的解決方式都不一樣。

她還看到一些情緒性的留言及爭論，害她更加心慌意亂。

她的母親，也就是我的朋友，老是憂心忡忡地說：「女兒壓力好大，最近都食不下嚥了。」

為消除不安而上網爬文，未必能獲得你「想要」的答案。

因為你會看到許多情緒性的、衝動的場面，而且，網路資訊參差不齊，有些有用，也有不少是派不上用場的。

不僅如此，還會發生所謂的「沉沒成本」（sunk cost）。

一旦你想拿回已經付出的時間成本和勞動成本，你就會「求個心安」地一再上網搜尋資訊。

想解決煩惱的話，建議你找個值得信賴的人。

這個女兒後來向母親及摯友傾訴煩惱，終於獲得平靜。據說，消除懷孕不安的最佳方法，就是向伴侶傾訴衷情。

☑ 內心不安時，不要求助網路，應向可信賴的人表白一切。

整理一早醒來的情緒

情緒具有如雪球般越滾越大的性質。

歡喜就盡情歡喜，但憤怒的話，很容易火山爆發。

負面情緒通常威力強大，弄個不好便不可收拾。一旦掉進負面情緒的漩渦，就會被翻攪得無法自拔，這種經驗相信人人都有吧。

若你希望能在情緒穩定的狀態下開啟一天的生活，那麼你首先應當調整好「一早醒來的情緒」。

一早起床時的情緒，其實與「睡前情緒」息息相關。

睡前情緒加上睡眠中的情緒（做夢），決定了你醒來時的情緒。

換句話說，要調整一天中最初始的情緒，就得在「前一天的夜晚」做好準備。

你不妨養成一個睡前習慣，在日記上列舉「今天開心的事」。

可以寫些「感謝筆記」，向某人（包含自己）道謝，也可以回顧一天，「讚美自己三件事」。

產生正面情緒後，可在房間噴一點室內芳香劑，讓自己籠罩在喜愛的芬芳中，再窩進質感柔軟的毛毯或棉被中緩緩入眠。

在睡前整理好情緒，通常隔天早上便能在愉悅中醒來。

醒來後也不要立刻起床，應花「五分鐘」整理情緒。

因為，如果有所擔憂，起床那一刻便會心生不安，如果做了惡夢，壞情緒更會久久不散。

像這樣，建議你每天早上醒來時都好好面對自己的真心，留意此時此刻是怎樣的心情。

或許是焦躁、不安、寂寞，也可能是對今天一整天充滿了興奮和正向的期待。

每天的「情緒狀態」不會都一樣。這點，也正是我們更加了解自己的一道重要線索。

待情緒整理到正向的狀態後，接下來就是留意你的行動。

不要去做會打亂情緒的事。

如果去看車禍、命案之類的電視新聞，或是去看網路文章下面的酸民留言，一切將回到原點。

萬一不幸如此，就再次專心「整理情緒」吧。

請像慎選食物般，慎選自己要吸收哪些資訊。
拒絕有毒的，多多攝取美味且營養的資訊。
沒人會明知食物有毒還硬塞進嘴裡吧？資訊也一樣。

如此實踐一個月後，相信你會發現，一早醒來的心情自然
都是正面的情緒。
那麼，你將不再為小事抓狂，能夠歡喜自在地度過每一天。

☑ 將睡前的情緒調整到正向狀態。在日記中寫下「今
天開心的事」、寫「感謝筆記」、回顧一天並「讚美今
天的自己」，都是很有幫助的好習慣。

勿隨別人的酸言酸語起舞

　　我有個朋友，他在高中時代是全大阪排名第三的田徑選手，前途不可限量。他不但每天嚴格訓練，而且賽前的三餐都經過特別調理。據說，比賽當天早上，他如果預感「今天會贏」，那天就一定會贏。

　　反之，輸掉比賽的那天，也都是他沒有「今天會贏」的預感，還會出於不安而問身邊的人：「我今天會贏嗎？」

　　越是不安，越想依賴別人。

　　解決煩惱的方法千百種，占卜便是其中之一。

　　占卜早已深入我們的日常生活，輕鬆的如電視的資訊節目、雜誌的卷末、網路上的免費占卜，專業的有手相、面相、算命學、西洋占星術等，不一而足。即便是小型書店和超商，都可買到占卜書，據說還都登上每年的暢銷書之列。

　　像占卜這類忠告，若能讓人重新振作倒還好，只是其中不乏將人推入痛苦深淵的話語。

我有個朋友，就是被占卜師鑑定為「千萬不可結婚」而絕望不已。也有人好不容易盼到了工作機會，卻因為占卜出「凶」而忍痛割捨。話說，大學時期的我也曾在朋友的介紹下去找占卜師。那是一個很糟糕的經驗。

　　那個占卜師是個六十多歲的男性，一看到我就滔滔不絕，過程中我幾次提問他都無視，只一味地說「你會這樣！」、「這個絕對不行！」……。起初我被這股氣勢嚇到，最後整個大傻眼。

　　這個人應該活得很痛苦吧，我想。

　　那個不行、這個也不行，那個很難……。他給客人的忠告，恐怕也給了自己。被占卜的結果、因果所縛而限制了自己的，不就是占卜師本人？

　　不僅占卜，家人、朋友、心理師的忠告，說穿了都只是他人之言。最了解你的不是別人，就是你自己！

　　那些人的話，經過你自己的篩選後，能接受的就接受，不能接受的就當耳邊風吧。別人的話都只能當資訊參考。畢竟你才是你自己的「主人」。

　　☑ 別人的話是別人的事。你只要接受對你有益的部分即可。畢竟你才是自己的「主人」。

第 3 章

不與人連結的七個練習

— 保護自己的方法 —

不對別人抱持期待

　　有時，我們會對簡單的訊息來往過度反應。

　　例如，挑出話中的語病，或是因為不符期待而心生不安。

　　文字訊息來往跟直接的見面溝通不同，看不見表情、感受不到語氣，因而容易往負面的方向解釋。

　　前幾年，我還會對別人的訊息一一較真、耿耿於懷。

　　男友的已讀不回當然令人鬱悶，就連邀朋友出去玩，對方久久未讀也會叫我心浮氣躁。

　　我也無法忍受工作上的不回覆，若對方當天沒回覆，我會暗自認定他是個「能力差勁的人」。

　　我們都知道，別人是別人，永遠不會是自己。

　　但是，只要我們對別人的期待越大，就越容易模糊彼此之間的界限，進而「希望他能夠（為了我）這樣做」，不斷膨脹期待值。

　　當期待落空時，就會在內心建立起許多規則，「應該這樣

才對」、「應該那樣才對」。

　　於是，為了不受到二度傷害、不再被人當塑膠，就會立下規則並開始審判對方。

　　因為，站在審判者的立場，就會覺得自己充滿力量。

　　即便如此，這類不滿和憤怒，並非我真正的情緒。

　　其實我並不是想責備男友和工作夥伴，我只是在內心深處渴望獲得對方的重視罷了。

　　當我明白，我是想用「愛」與「滿足感」來與人連結，而不是用「不滿」與「憤怒」時，我就能夠放下那些逼死自己的「期待」了。

　　然後，我也丟掉了應該這、應該那的「應該」。

　　事情開始一點一點產生變化。

　　我也不要求自己要當天回信，而是想回信再回。因此，我回信時自然都充滿了真心實意。

　　對方已讀不回也好，晚回覆也好，我都不在意了。

　　我也發現，即便工作上的溝通往來稍有延遲，並不會真的影響到工作。

最重要的變化是，「對方所做所為符合我的期待＝我獲得對方的重視」這條等式已經不成立了。

因為，我的人格價值，與他人的對待毫不相干。

☑ 丟掉「應該」的觀念，不要介意他人的已讀不回或不讀不回。何不改變自己？例如，不必立即回覆所有的電子郵件和訊息。

尊重自己也尊重他人

在日本，我們從小就被教育要以他人為優先。

「不要給別人添麻煩」、「要信守承諾」……這類教條多如牛毛，卻幾乎不說「要看重自己」、「要以自己為優先」。

如果事事以他人為優先、顧慮他人的感受、不斷糾葛在人情世故中，終有一天，我們這顆肉做的心，將被悲傷與憤怒擊潰。

萬一受不了長期以他人為優先而報復性地以攻擊姿態壓制對方的話，永遠也無法建立健全的關係。

不要委屈求全，也不要爭強鬥勝。那麼，應該怎麼做才能同時公平地對待自己與他人呢？

有一種溝通方式叫「自我主張」（Assertion）。

意思是「一種尊重自己也尊重他人的自我表現」。

「人人皆可做自己」。

自己與對方的人權都該受到尊重。

我們每個人都長得不一樣，同樣道理，我們也該接受每個人都有自己的想法和心情。

因此，我們應透過「傳達自己的心聲」、「傾聽對方的心聲」來互相理解。

不要將自己的心情或意見強壓在別人身上。

應該坦率地表達自己的感受，例如：「要是那樣，我會很難過。」、「很開心接到你的邀約，但我想要休息。」同時傾聽對方的感受。

當對方理解我們的感受，我們就能獲得心安了。

反之，對方也一樣。

☑ 坦率地表達自己的感受，並且傾聽對方的心聲。

不要干涉別人的日常生活

只要我們活著一天，必然會碰到阻礙工作、家庭、人際關係的一些事。

一方面，我們希望別人不要干涉我們的事，但另一方面，換作別人的事，我們卻管不了自己不去介入。

「那個人GG了！」、「這個人現在很慘哪。」當人們議論這些八卦時，並沒意識到這種行為是在「插嘴」，甚至「插手」別人的事了。

幾年前，我不過是不玩 SNS 而已，竟被當成「失蹤人口」，真不可思議。

碰到我的人、聯繫我的人，每個都問：「妳最近怎麼了？」

我之前整天都掛在網路上，難怪親朋好友會有如此反應，但這種反應碰多了，我開始厭煩。

「別人知道我的動向是理所當然的」、「我知道別人的動向也是理所當然的」，這不是很荒謬嗎？

人與人的「界限」，在 SNS 的助攻下，逐漸模糊。

為什麼我們如此在意別人的事呢？

回顧我自己，有段時間我也會對親朋好友的日常及問題「插嘴」、「插手」。

只要對方碰上困難，我不會坐視不管，一定聽其訴苦，給予忠告。這讓我很有成就感，覺得自己簡直是英雄。

如果有人對別人的事坐視不管，我會認為那人太過冷漠；對於不加入聊八卦的人，我也會認為那是個自我中心的人。

如今想想，那樣的我，是多麼傲慢啊！

但我變了。如今的我認為，放手是一種信任的表現。

能夠在自己與他人之間畫清界限的人，才能幫助對方成長獨立。

其實，通常我們能做的，也就是相信對方有勇氣、有能力去解決問題而已。

管人家的事，對自己有個好處。

那就是，「可以逃避自己真正應該去做的事」。

別人為某事發愁，你在伸手幫助之前，先深呼吸一下。

當我們眼睛盯著別人的問題時，就可迴避自己的問題。

而且，出手去管的話，還能讓自己處於「正在做事」的狀態。

放手吧，不要干涉別人的日常生活。

在意別人的時候，就是你該在意自己的時候。

☑ 不要過度關注別人的日常生活，專心做好自己該做的事吧。

嘗試接受非朋友的邀請

我們的人際關係可分成兩大類。

「強連結」（Strong Tie）與「弱連結」（Weak Tie)。

「強連結」指的是家人、摯友、同學、同事等經常見面、聯繫，關係緊密連結的人。

「弱連結」則是指初次見面、認識不深、都是一群人見面或只在網路上交流等關係較為淡薄的人。

我們都重視強連結的人，但如果你知道，影響你人生的其實是弱連結的人，應該會很震驚吧。

弱連結的人並不了解你，對你也沒有先入為主的觀念。

而連結強的人很清楚你的好壞。

例如，知道你不喜歡運動的人，不會找你去慢跑，但不知道的人很可能就約你了。

習慣、行動、選擇改變了，人生自然改變。

因此，何不嘗試減少你與強連結者的連結，增加你與弱連結者的交流時間呢？打開心胸，與初次見面的人持續交流，投入嶄新的人際圈吧。

☑ 拿出勇氣，擴大「弱連結」的交友圈。
　肯定能迎來全新的資訊及邂逅。

人人皆有價值

作品占據書店一隅的暢銷書作者、有才幹的上班族、媒體熱門人物等，皆是可以大聲宣揚個人主義主張的人。

他們不但個人才華優越，而且富行動力與決斷力，還能散發出吸引大眾的領袖魅力。

「別跟廢材打交道」、「立馬封鎖討人厭的傢伙」、「別浪費我的寶貴時間」……，偶爾看到這些強勢的訊息，令人反感。

上市企業的價值、銷售書籍的累計冊數、汽車年銷售量、粉絲與追蹤者的人數……，他們的確擁有一些可以「數字」測量的東西。

然而，無法用數字測量的東西，難道就不具價值？

我總因此氣憤，自然站到弱勢一邊。

如今想想，這應該是一種類似同行相忌、文人相輕的情緒作祟吧。

　　因為，過去的我，也是不能忍受工作拖延或反應遲鈍的人，或者老是磨磨蹭蹭、愛說喪氣話的人。

　　即便我一再告訴自己要寬以待人，但碰上這類人就一整個不耐煩。

　　直到有一天，我也開始磨磨蹭蹭、老說些喪氣話時，才終於能夠接受他們。

　　我也終於變成一個裹足不前、迷失人生方向這種連自己都無法接受的人了。

　　當我落到同樣地步而體會到他們的痛苦時，我才知道，即便在這種狀態下，人依然有價值。

　　不被社會主流接受的人，並不因此失去價值。

　　人人皆有價值，天生我才必有用。

　　例如，能在會議中發表意見的人很了不起。

　　不過，雖未發表意見，但能附和意見的人，其價值一樣高尚。

　　很多人都有這樣的經驗，在大眾面前說話或發表意見時，多虧有別人的點頭附和，才能繼續鼓起勇氣完成發言。所以說，只是點頭附和，同樣有助於人。

善巧的忠告能予人勇氣，但靜靜地陪伴同樣能療癒人心，鼓舞士氣。

不能提出個人的主義主張，但能夠陪伴、同理別人，不否定地傾聽對方的心聲，這樣的人雖不起眼，卻是相當重要的支持力量。

☑ 如果你因為不被肯定而痛苦，那麼請先找出自己的優點吧。切記，人人皆有價值。

你真的想跟那個人共處嗎？

　　不是指物理上的「一個人」，而是「不與其他人事物產生連結的片刻」，對現代人來說似乎很難。

　　一個人獨處時，我們也總會連繫別人或忙於 SNS 交流，難得的空檔，也多半被電影、電視、遊戲等娛樂活動侵蝕了。

　　請你重新檢視一下你的行事曆，特別是那些與別人的約會。

　　你真的想跟那個人共處嗎？

　　請看看你手機上的通訊錄。
　　那些都是你真的想通話的人嗎？

　　再看看你的四周。
　　圍繞在你身邊的，真的都是令你心動、喜悅滿足、興致高昂、熱情洋溢的人嗎？

　　如果答案是「NO」，那麼是時候改變了。

為什麼你會建立起這種無聊的人際關係呢？
為什麼你會允許自己過這種死氣沉沉的生活呢？

☑ 請看看你的行事曆或手機上的通訊錄，然後問問自己：
「這些都是我真的想要保持關係的人嗎？」

裡面有令人期待的事情嗎？

不妨逃離「逃不開的人」

行走江湖，難免為人際關係燒腦。

如果是偶爾才見面的人、只會上網交遊的人，那還好應付。

最難的是那些「逃不開的人」。

例如，父母、子女、配偶等家人或親戚。

以及，公司主管、同事、客戶、鄰居、媽媽的友人……

有人因為與這些人的行為、三觀格格不入而苦惱，甚至遭受這些人的暴力相待、行動控制。

我有一個朋友，她就長期受到前夫的疲勞轟炸。

前夫老是發洩對婚姻生活的不滿，並拿孩子當盾牌，動不動就找她麻煩。

她肯定是壓力爆表，但為了工作與孩子而硬撐著，十分辛苦。

萬一你遭到不當的對待，不論對方是誰，請妳趕快逃開。

沒有什麼比保護你自己更重要。沒人有權傷害你、利用你。

勇敢向對方表明你的想法吧。

對於踩到你紅線的人，必須清楚地告訴他：「不許再超過了。」

這樣才能逼對方改變態度。或許他會氣得抓狂，就此與你絕交，但至少你們之間那僵硬的關係才有改變的可能。

如果連表明想法都有困難，那就逃吧。

不論你們的關係再親近，你都可以「逃走」。

未必要徹底斷絕關係，你可以與他保持距離、找人居中調解、換工作、卸下職務、更換合作夥伴等，總有改善對策才對。

有人用「破掉的茶壺」形容這種找人麻煩的傢伙。

就像有個破掉的茶壺在你面前，手一碰就會受傷一樣，你根本沒必要責怪自己。

那些讓你痛苦的人，其實他們本身已經壞了、病了。

他們只想藉攻擊你來滿足情緒罷了。

有些情況雖不致於那麼糟，例如，對方太強勢、喜歡干涉你、對你要求太多。

但這種關係依然叫人喘不過氣。

戰鬥
逃走
道具
自動

「破掉的茶壺」出現了。

面對這種人，你應該一方面將「逃走」選項放入心中，一方面另尋「避護所」。

例如，另尋可以接納你的人、可以聽你訴苦的人、可以一起笑笑鬧鬧的人。

若你下決心只跟合拍的人來往，你會輕鬆自在許多。

就別跟那些不了解你的人、不尊重你的人瞎攪和了。

就算你們之間斷不開物理性的關連，也務必讓你的心到別處去避難吧。

☑ 請保護自己，遠離苦惱的人際關係。或者，你應該找到一個人，讓他成為你心靈的避護所。
記住！誰都沒有權利折磨你。

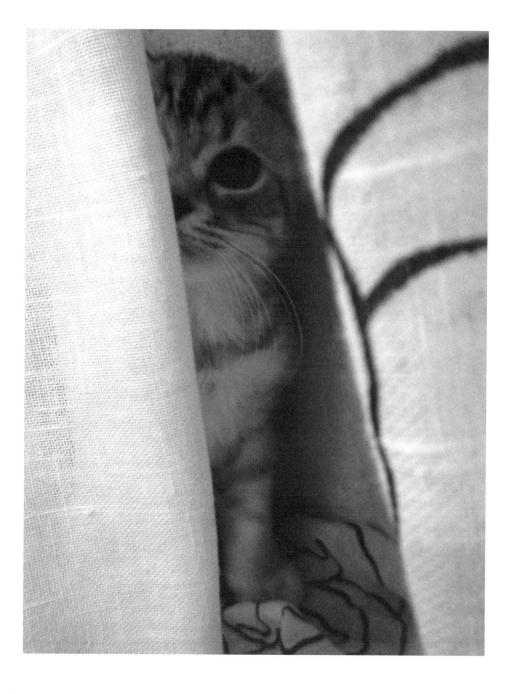

第 4 章

不與偏見連結的
七個練習
— 做自己的方法 —

下決心不八卦、不看網路評論

　　不只網路世界，真實世界也有「匿名」和「實名」這個惱人的課題。

　　在大型網路論壇或 Twitter 上以匿名方式詆毀別人、散播假新聞的情況日漸惡化，但也不是全採實名制就能徹底解決問題。

　　因為，採「實名」制而揭露身分的話，該人的身分地位及立場將產生一定的影響力。

　　話說「重點不在說的內容，而在說的人」，我們通常很在意「是誰說的」，並且深受其談話內容的影響。

　　世界知名的街頭塗鴉藝術家班克斯（Banksy）之所以長期隱藏真面目，就是因為他很清楚「實名」的威力吧。

　　如果身分曝光，那麼他的作品所要傳達的訊息，就會被人以他的出身、種族等脈絡來解讀，也就模糊了他所要傳達的訴求。

　　之前橫濱舉辦班克斯展時，我在欣賞作品之餘，思考著這問題。

「匿名」的資訊雖然不可靠，但不表示沒有影響力。

美食網站「Tabelog」和網路商城、「Amazon」，都有許多評論者在上面發表感想，但大多採匿名方式。匿名的好處是能夠說真話，也因此倍受信賴。

那麼，可有一些方法能幫助我們不盡信有影響力的媒體及個人的資訊，也能不受匿名資訊所左右呢？

本書的提案為「憑身體感覺來取捨資訊」」（P60）、「傾聽『心』的指引」（P153），除此之外，我還想介紹一些我正在實踐的方法。

例如，「不帶旅遊導覽書，自在去旅行」、「不靠解說地欣賞藝術品」、「不聽介紹、不看網友評論，直接去購物或享受美食」。

這裡的旅遊導覽書包含網路上的旅遊記事。

甩開這些資訊，不帶成見地漫步街頭，享受「看起來好好吃的美食」，參觀「看起來好好玩的地方」。

不租借語音導覽，也不看作品旁邊的解說，直心地欣賞藝術作品。

不根據口耳相傳或網路評論來選購商品或挑選餐廳。

日常生活中經常做這樣的練習，慢慢地，你會改變想法，

認為大多數人都說「好吃」，但自己覺得「不好吃」也無妨。

　　反之，大家都說「無趣」的作品，你卻可能因為相信自己的感性而覺得「很有意思」呢。

　　☑ 不必理會評價有幾顆星，只要覺得有趣、不錯吃，
　　就去嘗試吧！

管他別人怎麼說，我就覺得這甜甜圈超好吃！
（網路評價僅 3.0 顆星）

傾聽心底的聲音，
找出最適合自己的方法

　　每年都有新的健康、美容、減肥新知誕生，並且蔚為風潮；書店的暢銷區排滿了這類新作，街頭巷尾熱議不已。

　　不過，沒有哪一種治療方式是人人有效的，同樣道理，當然沒有哪一種健康方式、減肥方式是人人見效的。

　　比方說，一百人中有九十九人「有效」，但如果你在意還有一個人「沒效」，那麼「有效」這件事便不成立。

　　舉個大家都很熟悉的例子，睡眠。

　　一般認為理想的睡眠時間是五至八小時，但有人睡三小時就夠了，也有人睡了十小時以上還是渾身沒勁。

　　有人推薦「睡七小時左右」，也有人主張「分眠」，認為連續睡六小時以上反而有損身體機能及肌肉組織，因此推薦「五加二」之類的分段睡眠方式。

　　有些國家有午睡的習慣，而且有人主張，多數人都在睡眠

中的深夜二點至四點這兩個小時，其實是人類活動力最強的時段。

像這樣，當文化及視角不同，世界各地對同一件事也會有截然不同的做法呢。

我以前曾努力做到早睡早起，但白天總是提不起精神。

沒辦法，我只好在不影響工作的情況下稍稍放過自己。結果，與之前強迫自己早睡早起的時候相比，我不但輕鬆許多，而且有時在鬧鐘響起之前就睡醒了。

從此，我開始奉行「傾聽心底的聲音，找出最適合自己的方法」。

在吸收一般常識、聽取專家意見之前，你應該先傾聽自己的心聲。

不要害怕成為「一百人中的一人」。

☑ 自己決定適合自己的方法。

不要被刻版印象誤導

　　人人都有許多面向，無法斷定「這個人就是這樣的人」。有人在家裡是一種個性，在職場又是另一種個性；像變色龍般依不同對象採取不同的說話方式及態度，有時是一種生存處世之道。

　　不少人看了星座占卜，都有「不管哪個都像在說我」的感覺。勇敢的人也有膽怯的一面，獨立幹練的女性，也有楚楚可憐的一面。溫柔嫻靜好說話的人，遇到緊急關頭，也會展現堅強可靠的氣勢。

　　再說，綜藝節目和電視劇等大眾媒體，總喜歡讓演出者依照「人設」去表演。

　　為了讓觀眾容易理解並記住，這種手法無可厚非，但是，再專業的演員也不可能百分百符合人設，必有其本人複雜的情緒。

　　每一齣電視劇，都會安排各種個性突出的角色登場，例如

「霸道女總裁」、「平凡社畜」、「熱血教師」、「辦公室裡的包打聽」、「鄰家大媽」、「不擇手段爭取上位的上司」等。

每種角色都被漫畫化（有些本來就是漫畫改編的），而且多半不出老套的角色設定。

於是，我們這些觀眾不斷被灌輸既定的刻版印象，不知不覺中就對別人貼標籤了。

我自己也多少受到影響，但我會提醒自己，盡量不看表面，要仔細去看沒被呈現出來的「內在部分」。

勇者也有怯弱的一面，反之亦然。

有時，我們告訴對方，我們看到了他不為人知的一面，他會相當開心。

如果有人看到我自己不知道的一面，我也會很開心，如果對方能夠了解我的潛在特質，我會向他深深致謝。

被「你就是這種人」所傷害的人肯定不少，我便是其中之一。

☑ 你曾被別人的成見誤解，因而悲傷無奈嗎？就算被貼上標籤，那也不是真正的你！

用新時代的年齡意識來生活

日本媒體都會在人名後面用括弧加上年齡。

在意年齡、推崇年輕這件事，似乎是日本特有的文化。

「看起來很年輕呢！」、「哇，美魔女！」人們讚賞外表比實際年齡小的人，女性朋友（最近連男性也是）都會下足工夫來凍齡。

愛美是好事。然而，若不能改變對年齡的執著與成見，女性就永遠無法對加齡抱持正面態度。

最近這數十年來，因戰爭或罹患絕症而死亡的人數下降，我們的壽命得以大幅延長。尤其日本人的平均壽命，男女皆高居世界第一。不論哪個年齡層的人都顯得神采奕奕，比實際年齡有活力多了。

從前的退休年齡是五十五歲，現在是六十歲。但據說，有七十歲以上高齡員工的公司，仍超過三成。

我父親今年六十八歲，早就超過退休年齡，但他仍說他要繼續工作；我祖父在他八十七歲往生之前，也是一直在工作，根本沒退休。

前幾天我聽廣播，有位七十多歲的女演員談到今後的夢想。

她活力十足地說，她一直忙於照顧先生和孩子，因此今後想要挑戰一個人旅行，甚至出國留學。

多棒啊！

過去是「人生八十歲的時代」，現在則是「人生百歲的時代」。我們必須改變對年齡的意識及看法，才能合乎新時代潮流。

為符合現代人的長壽人生，我建議大家可以換個角度看待年齡，例如將自己的年齡「乘以 0.8」。

實際年齡 ×0.8 ＝人生百歲時代的年齡

25 歲→ 20 歲
30 歲→ 24 歲
40 歲→ 32 歲
50 歲→ 40 歲

改變心態，從「已經四十歲了」，變成「才四十歲而已」。

60 歲→ 48 歲
70 歲→ 56 歲
80 歲→ 64 歲

三十歲是許多人剛出社會的第三年。
正是知道自己喜歡什麼、適合什麼的好時期。
不必逼自己趕快決定前途，可以多方挑戰，累積經驗，慢慢挖掘出自己的潛能。

四十歲是做出轉職或創業等重大決定的時期，同時也是決定人生伴侶的時期。最近很多人都是到了這年齡才結婚生子，應該就是順應「人生百歲時代」的潮流吧。

請放下「要創業的話嫌晚了」、「太晚婚」、「三十五歲轉職大限說」等舊時代思維，改採新時代的年齡意識吧。

原本六十歲會被稱為「年長」，但就新年齡意識來說，不過才四十八歲而已。
還可以做很多喜歡的事情，對社會大有貢獻。

☑ 不要被舊時代的年齡思維綁架，用新時代的年齡意識來生活。

平凡與否，我說了算

我從小就對「平凡」反感。

不喜歡當平凡人、過平凡日子、面對平凡人生，還有，抗拒平凡的思考。

大多數人說「YES」的話，我就偏偏說「NO」。

我並不是否定想過平凡日子的人。

只是討厭別人把「這種人生很平凡，那樣才是不平凡的人生」之類的成見加諸在我身上。

放眼世界我們可以發現，處處都有這類「平凡」的暗示。

那意味著：「你不夠完美。」

不減肥就沒人愛。老了就沒價值。賺的錢不夠多。小孩不會讀書就沒救了……

無防備地走在街上，猛地心上的按鈕被人一按，因而出現悲慘、焦慮反應。

千萬別利用不足、恐懼、不安等情緒來給自己做某事的動機。

「我不完美」這種心態所引發的行動，從來都不會滿足我們。

「我不需要。」

「我這樣就夠了。」

「平凡與否，由我自己決定。」

請肯定自己，告訴自己：「現在的我已經很棒了！」

☑ 你是出於「我不完美」的心態，而逼迫自己努力不懈嗎？

「停滯期」並不可怕

事情不如預期般進展。

明明很努力，卻見不到成果。

滿心期盼，卻盼不到新的邂逅。

總是提不起勁。

經常落得白忙一場。

人際關係不順。

之前興致勃勃的事，現在變得索然無味。

你是否有過這樣的時期呢？

也許有人正處於這樣的時期也說不定。

進無可進，退無可退。

努力也不見結果的停滯期。

這種「暫停狀態」真的很磨人。

當然，我也曾經歷過。

加上剛好與我退出 SNS 的時間重疊，當時的我什麼都不想做，每天以烏龜慢步的速度過日子。

而我的朋友們是以新幹線的高速衝衝衝，每天活得光輝燦爛。

我要自己別比較，但夜裡就是止不住胡思亂想。

大腦開關一開便沒完沒了。日日夜夜，我被「接下來會怎樣……」這種強烈的不安折磨著。

幸好有一天，我忽然明白這種停滯感就像「樓梯的梯台」。

樓梯的梯台是連接一段階梯與一段階梯之間的平台，供人在此處歇腳。

一段長長的樓梯，必定要有梯台。

否則，樓梯的構造堪憂，而且無法延伸上去。

那麼，我們的漫漫人生路，也需要一個可強化人生道路的構造吧？

那就是人生的梯台，也就是「停滯期」。

再怎麼痛苦，都是一時的。

人生路不可能一直走下坡，必有上坡之時。

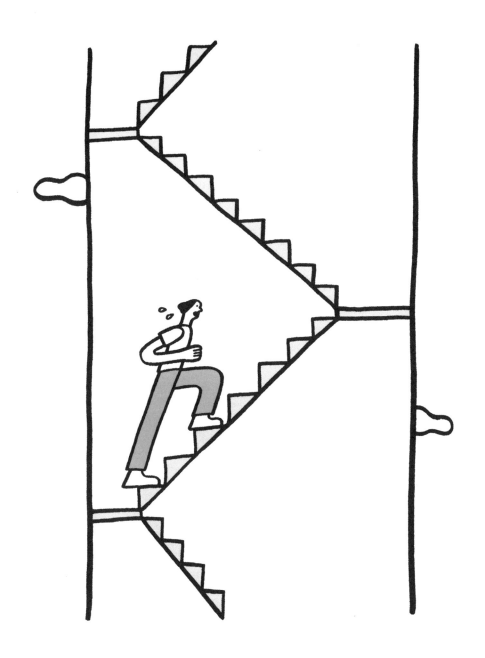

「梯台」是一個緩衝休息區，為了幫助你走更長遠的路。

只要度過「停滯期」，人生階梯必然再現。
這是天理。

用小一點的例子來說，減肥、外語學習、養成某種習慣等，皆有「停滯期」。當成長曲線停滯一段時間後，會在某個時機點一舉躍上來。

就算眼前混沌不明，只要明白這是「人生的梯台」、人生的「停滯期」，內心就能從容多了。

「停滯期」可說是天賜的禮物。

「還會有其他更好的經驗，所以目前沒有新的事情來。」
「還會碰到更適合的人，所以目前沒有新的邂逅。」
「很快就會忙起來了，所以現在是強制休息時間。」

這種無所事事，其實是件好事。

而且好處不只如此。
在這段時期裡，你過去花在外面世界的時間與精力都能回到你自己身上，因此，你會找到長期追尋的答案，思如泉湧，改寫負面的思考。

如果此刻你正處於「停滯期」，表示你正要邁入新世界的大門前。

不久的將來，你就會走出「梯台」，更上一層樓了。

☑ 如果你正在「梯台」上，那麼稍事休息，期待即將迎來的風景吧。
活在當下，享受此時此刻。

我們可以擺脫過去，重獲自由

我在小學高年級時曾遭到霸凌。

有人把我的鞋子藏起來，在我的椅子上釘圖釘，把我的傘拿到廁所折斷。

玩在一起的好朋友居然連手霸凌我，讓我相當受傷，於是我開始與家人、學校保持距離，把自己鎖在自己的世界中。

上國中後，我才看見自己新的一面。

我報名參選風紀委員、學級委員、文化祭執行委員長等各種幹部，辦學報，活力充沛地投入許多活動。

慘遭霸凌的小學生時代，我將陰鬱的心情寫入詩裡，但到了國中，我便迷上推理小說，開始在筆記本上創作。

實在太有趣了，我常一路寫著，停不下來。

我終於變成和別人一樣青春洋溢的孩子了。

小學畢業典禮上一臉愁容的我，才短短一個月，就變得相當活躍。

　　我想過為何會有如此變化，但也不是很清楚，或許是「國中」這個新環境讓我變強吧。

　　沒多久，大家便忘記我是個曾經遭到霸凌的小孩了。
　　那個寡言木訥、沒有朋友、不會讀書也不會運動的我，給人的印象變成是「富有領袖氣質」、「行動力強」、「個性開朗」。

　　那些過去霸凌我的人，似乎也不記得這些往事了。
　　他們沒有一點心虛，沒有道歉之意。
　　但他們也沒有故意裝得很積極正向，或是故意假裝沒霸凌之事。
　　我們就這樣成為好朋友，直到現在，我會去參加他們的婚禮，也會到彼此的家裡玩，感情融洽。

　　我想大聲說：
　　我們可以解脫過去，重獲自由。
　　不論過去你有多麼痛苦的遭遇，你都能在新的世界好好活下去。

　　☑ 過去種種譬如昨日死，不要自怨自艾。

第 5 章

不與負面情緒產生連結的
七種練習

— 歲月靜好的方去 —

哪種壓力是正面的？

你目前所承受的壓力，是好的壓力嗎？
或是壞的壓力呢？

有些壓力能讓你更積極行動，有些壓力則會讓你消極沮喪。

「Pressure」一詞，既可以表示負面的壓力，也能表示正面的壓力，例如，透過重壓來鍛鍊自己，成功克服壓力後，就能產生自信。

這種有益身心健康的壓力，稱為「良性壓力」（Eustress）。也就是讓你積極行動的推進力。

反之，另一種壓力會將你逼到牆角，侵蝕你的身心，這種讓你消極沮喪的壓力稱「惡性壓力」（Distressed）。

如果你正感覺到壓力，務必明確分辨出那是「良性壓力」或「惡性壓力」。

　　比方說，碰到超過你實力的工作，與比你經驗老道、成績優異的人們合作時，「努力」、「振作」是必要的良性壓力吧。

　　這種壓力能讓你更強。

　　雖然這種壓力也會帶給你不安，甚至讓你想逃，但希望你能視之為提升自己的良機，欣然接受。

　　這種壓力最後應能讓你成長，帶給你愉快的刺激才對。

　　如果是惡性壓力，那就得想方法好好處理。

　　例如改變環境，向適合的人求援。此外，也要給自己一些舒適的時光來放鬆。

　　☑ 請分辨你的壓力是「良性壓力」或「惡性壓力」。如果是「惡性壓力」，請參考「讓自己『放空』」(P128) 和「享受愉快的時光」(P150)。

別理本來就會發生的事

話說「人生浮沉」。

以大自然來說，「人生浮沉」應是指「四季更迭」。

春夏秋冬。四季更迭乃大自然法則，我們無法阻止。同樣道理，人生的浮浮沉沉，也不完全掌握在我們手中。

會發生的事情就會發生。一心祈求長生不老，也終有壽終正寢之時。

不過，有一件事是我們可以主宰的。
那就是「心之波瀾。」

我們無法控制人生波瀾，但我們可以掌握我們的心之波瀾。
我們對人事物的情緒反應，是我們自己抉擇出來的。
遇到不如意時，要自怨自艾，或是重新振作，都是自己的抉擇。
不是要你「百般忍耐，勉強自己樂觀以對。」

　　對絕望的人事物所產生的負面情緒，單純只是一種「反應」罷了。

　　你當然可以心生厭惡。

　　可是，接下來要選擇什麼樣的情緒，你可以先深吸呼一下，再仔細酌酌，自己決定。

　　換言之，人生的浮沉，其實就是「心靈的浮沉」。

　　不論境遇多麼糟，只要不在意，就能幸福地過下去。

　　反之，就算過著人人稱羨的生活，當事人不覺得幸福，就算不上是真正的幸福。

　　「人生浮沉」，本來會發生的事，就讓它發生吧！

　　這時，不要去看外在世界的風浪，請關注自己的「心之波瀾」，盡可能地平息它。

☑ 我們可以掌控我們的「心之波瀾」。

讓自己「放空」

在下班時段的車站月台及電車內，都可看到一臉疲憊的人。

肩上掛著沉重包包等電車的男人，一整個解脫似地癱在座位上小睡的女人。

看到這種人，我總忍不住在心裡輕聲安慰：「辛苦了！」

也會想跟今天一樣辛苦的每一個人說：「我們彼此加油喔！」

在職場上，「提高生產力」、「講究時間效率」是很重要的事，但是，「休息」、「遊玩」、「放空」也很重要。

美國心理學家亞伯拉罕‧馬斯洛（Abraham H. Maslow）提出一個名詞叫「Coasting」，意為「一種讓我們得以喘息、產生活力的行為」，讓我們可以繼續進行知性活動。「Coasting」的原意是指汽車不踩煞車而慣性行進，或是飛機停止發動而滑行；這裡引申為人類的「退行現象」。

從早忙到晚後，喝點小酒放鬆一下是一種「退行」，從事高壓工作的人在週末去釣魚調劑也是一種「退行」。

當然，你也可以「無所事事」、「完全放空」。

連看幾部艱澀燒腦的劇情片後，你會想看點輕鬆不動腦筋的影片，吃了一陣健康取向的食物後，也會想吃點垃圾食物。道理是一樣的。

吃小吃、睡懶覺、嗑漫畫、泡三溫暖、看綜藝節目，全都是重要的放鬆、喘息行為。

☑ 你是如何讓自己放鬆、喘口氣的呢？請找時間好好消除疲勞、恢復精神喔！

嘗試說出難以言喻的心情

　　心情不好時，看到別人的投稿或 PO 文就越看越火大，你有這樣的經驗嗎？

　　有人工作很有意義、有人家庭幸福美滿、有人生活多采多姿……，看著看著，心情只會更差。

　　湧現這類鬱悶的情緒時，正是你好好面對自己的時機。

　　有個心理學名詞叫「澄心聚焦」（Focusing）。

　　這是美國心理治療師尤金・簡德林（Eugene Gendlin）開發的一套心理治療手法，他在研究為何心理諮商對某些人有效、對某些人無效時，從實驗中研發出這套方法。

　　實驗結果顯示，做心理諮商有效的人都有一個共通點，就是「會仔細找尋可以表達自己內心狀況的用語」。

　　就算時而辭不達意，但會想方設法明確表達出煩惱與情緒的人，通常都能很快恢復健康。

另一方面，接受心理諮商卻沒有起色的人，通常都只會不斷地說「我很悲傷」、「我很氣憤」，並未深度探索這些情緒。

根據實驗結果，簡德林與其團隊將「一種莫名所以、含糊不清的身體感覺」，稱為「深感」（Felt Sense）。

這裡所謂的「身體感覺」，並非指踢到腳而腳痛這類的肉體感覺，而是心理因素引起的感覺。

例如內心不安時，會有胃痛、全身緊繃之類的感覺。

看到別人的投稿而煩悶，就是這種無法言喻的「深感」。

遇到這種狀況，你應當「澄心聚焦」於這股煩悶上，然後設法表達出這種感覺。

不要用「無聊」、「心浮氣躁」等強烈的詞彙來一語帶過，應該認真仔細地形容出你所感受到的情緒。

請深度探索那些煩悶的情緒。

你內心應該有話要說吧？

「那個人深獲眾人肯定，而且過著富裕的生活。但我這麼努力了，卻還是這麼慘，我根本沒資格過他那種生活，我好可憐啊！」

給這個「煩悶」取個名字吧！

嘗試用心貼近「深感」後，你會突然文思泉湧，進而能夠「精準地表達出情緒」。

　　將內心煩悶的情緒化為語言文字正確地表達出來後，你會獲得一種解放感：「啊，就是這個！我感覺到的，就是這個啦！」
　　這種現象稱為「覺受機轉」（Felt Shift）。

　　好好貼近你的心情，將之化為適切的言語吧。
　　掌握這個訣竅後，你就能輕易甩掉負面情緒，從此身心輕安。

☑ 1. 對情感進行「澄心聚焦」練習。
　 2. 將「深感」（煩悶的情緒、根深蒂固的情緒）化為語言文字。
　 3. 進行「覺受機轉」（解放）。

　　利用上述三步驟，好好地放掉負面情緒。

思考「可以 100% 確信的東西」

假設你正在煩惱一些問題，有一點心願未能達成。

你肯定時時刻刻都在這些問題及心願上打轉，不斷行動，付出更多心血。

請你回想過去的經驗。

最後，你都能獲得滿意的結果嗎？

我建議一種新的解決方式，先將問題、心願放一邊，思考你「100% 確信的事」。

小事情也行。

這是一種與惱人的「問題與心願」斷開連結的練習。

例如，「咖哩好好吃」、「寶寶好可愛」、「喵喵好療癒」、「大自然令人感動」、「待在房裡最棒了」之類簡單的事情。

你想得到的、說得出來的「與問題及心願毫不相關」且「100% 確信」的事情。

如果你想到「待在房裡最棒了」而有一點違和感的話，就再想想其他事情。

像這樣，只談或只想毫無疑問的事情，那 100% 正向的確信，就會逐漸擴散到其他領域——你所煩惱的問題、未達成的心願。

那麼，請試著思考或說出「你相信的事情」吧。

☑ 將惱人的問題和未達成的心願暫放一邊，這一週，請你只想你「100% 確信的事情」。

可以每天多問自己幾次的 「魔法提問」

　　早上看資訊節目說「今天的幸運食物是蘋果」，整天都會眼前浮現美味的蘋果。喜歡「藍色汽車」的話，就會看到街上不斷出現藍色的汽車。

　　這種經驗相信你一定有吧。

　　只要開始意識某種特定的事物，相關資訊便會不斷出現在眼前，這種心理效果稱為「彩色浴效應」（Color Bath Effect）。

　　我每週上一次健身房，有次在去健身房的電車內，突然想學習某種才藝。

　　下車後，從車站到健身房的那段路程，許多招牌映入眼簾。

　　結果，我就看到那個才藝補習班的招牌。

　　可是在此之前，明明每週都要經過的，我卻從未看過那個招牌。

　　人都會像這樣，特別注意到自己想看見的事物。

因此，請在日常生活中，多多利用這種「彩色浴效應」吧。

假設你現在又煩又累。
這時，你就可以問自己一些簡單的問題。

「現在做什麼會覺得<u>心情大好</u>呢？」
這就是「魔法提問」，幫助你斷開煩躁的思緒，召喚新鮮的思緒。

底線部分可以代換成其他適當的用語，例如「舒服」、「開心」、「好玩」等。
總有些東西是你這樣提問就會浮現眼前的吧？
如果你想到了，就開始試試看嘞！

「彩色浴效應」也可以應用在人際關係和工作上。
碰到難應付的人或沒自信的工作時，就用「魔法提問」來問問自己吧。
只要想讓自己的心思從「不喜歡的事物」轉向「喜歡的事物」時，就可利用這種心理效果。

「A 小姐了不起的地方是什麼呢？」
「我該怎麼做才能對這個工作更有自信呢？」

這類自問自答，可以有效幫助你斷開負面思緒，轉向正面思考，請善加利用。

☑ 現在做什麼會讓你心情大好呢？

憤怒與熱情其實同根同源

　　應該不會有人喜歡慢慢地品味憤怒與悲傷吧，但如果害怕負面情緒，不想碰也不想理解，可能招致不良的後果。

　　抗拒負面情緒，也會連帶讓你變得不容易感受到喜悅、幸福、成就感等正面情緒。

　　心思麻痺後，自然感受不到痛苦。
　　但萬一也感受不到幸福快樂，該怎麼辦？

　　沒有痛苦的日子固然安穩。但每天平靜無波，千篇一律。
　　根本無法發揮才能的平凡人生。

　　有時會碰上逆境的試煉，但每天都有變化，得以成長。
　　可以持續發揮才能的人生。

　　你會選擇哪一種呢？

　　負面情緒雖然令人不快，但絕非壞事。

憤怒與熱情其實同根同源。

不安與悸動也是同根同源。

兩者看似相反，其實互為表裡。憤怒可以轉化成追逐夢想的熱情，不安也可以轉化成對未來的憧憬、悸動。

人生只有一次，何不接納豐富多變的情緒呢？

就用這顆有血有肉的心，盡情體會喜怒哀樂、七情六欲的人生吧！

☑ 將此刻讓你感到憤怒與不安的事情寫下來。

第 6 章

與心連結的
7 種練習

— 每天都心動的方法 —

整理待處理的事物

只要想改變的念頭夠強，通常會突然很想整理房間。

選日不如撞日，乾脆把衣櫃裡的東西全部翻出來，與不合穿的衣物斷捨離。我的衣服本來就不多，但曾經因為太想「重新來過」，就狠狠丟掉八成左右的衣服，最後開始過起一套衣服走江湖的日子……

一天，我收到一張明信片。那是我大學時申辦的信用卡的年費繳款通知書，由於當初設定的扣款銀行已經好久沒用了，自動扣款失敗，於是發卡公司改寄催繳單過來。

其實，要不是收到這張催繳單，我根本忘了有這張信用卡。我記得是大學畢業時辦的，但一次也沒用過，就這麼傻乎乎地繳納年費，還繳了近二十年！

我趕快去超商繳完錢，然後打電話到客服中心，完成退卡手續。

如果認為「總有一天用得到」而擱著，潛藏於意識深處的「懸念」就會害你陷入「一點一點漏油」的狀態。

因此，待處理的事物，乾脆一口氣處理掉吧。

趁還沒嫌麻煩之前趕快動手，只要一開始動手，等於火種已經點燃，就會一件接一件地處理下去了。

將放了一年以上的平安符送回神社。
將鮮少在用的電腦桌處理掉。
幾年前就一直想了斷的大工程——公司解散手續。

每當我一鼓作氣地處理下去，那個「漏油」的洞就會被堵住，進而全身充滿活力。待全部處理完畢後，整個人便無比地神清氣爽。

你有什麼「待處理」的事物嗎？

繳款單或申請書。錯過回收時間的不可燃垃圾。一直想施作卻遲未聯繫廠商的房屋裝修。如果連微小的事物都算進去，應該很多才對。

讀到這裡，如果你想到什麼待處理的事物，現在就去處理吧。或者，你也可以翻開行事曆，將「整理待處理的事物」寫進計畫中。每處理完一件，你就會活力加倍。

☑ 將待處理事物列成清單，然後從容易的著手。

享受愉快的時光

對自己好一點，給自己一些「歡愉」吧！
方法很簡單，取悅你的「五感」即可。

用品嘗美食來取悅「味覺」，用觸碰質感良好的物品來取
悅「觸覺」，用嗅聞香氣來取悅「嗅覺」，用欣賞美景及藝術
品來取悅「視覺」，用聆聽喜歡的音樂或可愛動物的叫聲來取
悅「聽覺」。

　　我的親朋好友中，有人熱衷於「家庭菜園」，有人迷上「自製麵包」。

　　據說，翻弄泥土、揉捏麵團，這樣的觸感十分療癒。

　　芬芳的精油。

　　搖曳的燭火。

　　喜歡的泡澡劑。

　　抱抱親愛的寶貝或寵物。

　　也可以慢慢地滴濾咖啡，享受咖啡閒情。

　　以五感為中心，你可以找到更多讓心情愉悅的方式。

多注意讓人心情愉悅的事物，你會慢慢對「心情不愉快」敏感起來。

多給自己「愉悅的感覺」，多愛自己一些，你真正的感受就會顯性化。

變得合不來的朋友、變得待不下去的職場，這類環境變化也會顯而易見了。

有人甚至不敢相信自己怎麼會有這樣的人際關係，怎麼會待在這麼糟糕的環境。

究竟該與這樣的人際關係及環境保持距離，還是該另尋新的關係和環境？答案就在你真正的「心聲」中。

只要持續給自己「愉悅的感覺」，你就能聽見自己的心聲，也就能獲得答案了。

☑ 請多多取悅自己的五感吧！
當你習慣愉悅的感覺後，你就會知道什麼人或什麼事物讓你「不愉快」了。

傾聽「心」的指引

為了撰寫本書，我有時會跑到飯店去寫稿。

找個陌生的城區住下，短則一週，長則兩週，遇到腸枯思竭時，我會外出散步，轉換心情兼運動，一舉兩得。

通常我會先查好一些喜歡的店家和咖啡館，讓 Google Maps 帶我前往，但有一次我突然心血來潮，開啟了這項「實驗」。

不看地圖，完成傾聽「心」的指引。

我將手機留在飯店，空手外出。眼前展開的是幾乎陌生的街道。

我只大約知道鬧區在哪、車站在哪而已，完全是個初來乍到的外地人。

該直行嗎？還是右轉？左轉？

經常是腦中「那個方向好像有間店」，但內心就是沒反應。有時看起來應該直直前進才對，但內心就是想往左邊走。

「這條路上好像沒什麼⋯⋯」有時就這麼邊想邊走，突然在靜謐的住宅區出現一家很棒的咖啡館，太有趣了。

當然，絕大部分的道路都不是筆直一條暢行無阻的，你會碰到許多十字路口而停下來等待，也必須留意不妨礙到其他行人。

但是，如果你起了一個念頭：「要是在路邊停下來東張西望，會不會讓人覺得可疑？」你就會有所顧慮，甚至開始焦慮，也就聽不見內心的聲音了。

起初覺得應該是「右邊」，後來卻「我看還是左邊才對」，這是「思考（大腦）」的判斷。

是你過去的經驗在下判斷：「那樣才對！」、「那樣才方便！」

以思考為優先的話，大腦會啟動「這邊離飯店比較近才對」的判斷，然後你去確認是否正確，幾次過後，你就感覺不到內心的反應了。

為了不讓大腦凌駕心靈之上，請先停止思考，讓心平靜下來。

仔仔細細地聆聽內心真正想去哪裡。

然後，採用「最初的反應」。

有時你會明確地知道「想去右邊」，有時當你眺望想去的方向時，內心會熱切地悸動。

　　「熱切」、「靈光乍現」、「感覺眼前突然一亮」、「全身放鬆」、「感覺很舒服」、「興致勃勃」……，這些感受，就是內心的答案了。

　　☑ 傾聽心的指引，漫步陌生街頭。然後，根據心的反應來嘗試向左走或向右走。

打從心底想吃的食物

　　日常生活中怎麼練習「傾聽心的指引」呢？可以從每日飲食著手。

　　讓「心」來決定「吃什麼」。

　　例如在員工餐廳、外面餐飲店、回家路上的超市，甚至是訂 Uber Eats 時。仔細看每一家店、每一種食材。

　　「我想吃哪一種呢？」

　　「哪家店好吃？」

　　「該選什麼食材呢？」

　　「要不要加上飲料和甜點呢？」

　　好好問問自己。

　　剛開始可能會花加倍的時間才能決定，也有可能質疑心的答案。我也曾經如此。

　　有一天，我用 Uber Eats 訂午餐，決定傾聽心的指引。

結果，我花了平時四倍以上的時間做選擇，而且意外看到好多不曾關注的美食。

　　與之前總用大腦來選擇的結果不同，我對喜歡的店家一概滑過去（無反應）。
　　但對沒吃過的店家的陌生菜單，我的心有了熱切的反應。
　　而且是對「鬆餅」、「珍珠奶茶」這類雖不討厭也沒特別喜歡的食物有反應。

　　這樣的反應叫人好吃驚，於是我的思考立刻否決：「午餐不能吃兩種甜食！」、「至少得吃點蔬菜！」
　　但，我很快就注意到了。

　　「吃蔬菜對身體比較好。」
　　「甜食不能當正餐。」
　　「我竟然會選鬆餅和珍奶，太怪了。」

　　這類反應，其實是「對思考的我的一種安撫、說服」！

　　由於這是一種「傾聽心的指引」練習，因此我選擇了最先有反應的鬆餅和珍珠奶茶。
　　吃完的感想是「普普」，味道也是「不出所料」，可無論

如何，我心靈的反應就是明顯與過去不同。

我處於對自己毫無不滿、無所要求的狀態，非常平靜、心安。一種幸福的感覺包圍著我。

「原來心靈獲得滿足是這種感覺啊！」太感動了。

心靈的反應是思考無法預測的。

因為大腦是大腦，心靈是心靈。

只要持續練習「傾聽心的指引」，就能縮短大腦與心靈之間的距離了。

當你決定停止思考，完全傾聽心的聲音時，你會發現，心靈更加活躍了。起初可能要花很長的時間才能等到答案，但要不了多久，心靈就能迅速做出反應了。

只要依照心的聲音行動，久而久之，心會更快給出明確的答案。

像這樣，建立起積極正向的螺旋後，你與你的心就會和樂融融了。

☑ 用玩遊戲的方式跟自己的內心對話吧。
用心的反應來決定今天吃什麼。

精誠所至，金石為開

　　我有一位曾住在峇里島的朋友，我們想在雅加達舉辦演講會，為此熱烈討論。

　　朋友是主講人，我是主辦者。當時的我一直很想在國外辦演講。

　　我原想在新加坡或香港辦，但如果是在這位朋友居住的印尼，她就能幫上許多忙，畢竟我從沒有在海外辦演講會的經驗。

　　首先是展開行動。我和朋友到雅加達考察。

　　到了當地，才知道許多事。

　　雅加達沒有太多像日本這種簡單方便的會議室或空間，他們舉辦活動多在高級購物中心或飯店，會場相對很大，甚至需要一名「導演」來掌控節目進行。

　　於是，經費大幅超出想像，而且來聽演講的人不可能填滿會場。

　　怎麼想都是大虧本。

　　明明做不到卻打腫臉充胖子，毫無意義。

　　我對這位熱心幫忙的朋友十分抱歉，左思右想，正決定老實對她說「沒辦法」時，她的手機響了一聲。是電子郵件的通知。

　　打開郵件那一瞬間，朋友大叫。
　　原來，寄信人是一位住在雅加達的女企業家，她居然表示希望我朋友能在雅加達演講。

　　朋友和我都沒跟旁人說我們正在雅加達。
　　不過才來幾天，竟然有住在雅加達的人向我們提出舉辦演講會的請求。
　　而且，就是在我們首選的地方雅加達！

　　結果，我不但不必承擔舉辦演講會的財務風險，還跟朋友一起登上講台。
　　整個過程如同像宇宙下訂單般，順利美妙到不可思議，我又驚又喜地渾身起雞皮疙瘩。

　　如果當時我違背內心的「NO」而硬著頭皮舉辦，我應該會債檯高築，而且為了招攬聽眾而搞得人仰馬翻，給大家添麻煩。
　　但是，如果我沒有事先考察便放棄，就不會有後來這一連串美事。

那一年，我們也在新加坡舉辦演講會，當地聽眾相當踴躍，活動圓滿成功。

好友們還專程從日本飛過來，我們順便做了一趟私人旅行，真是太快活了。

這種不可思議的體驗，讓我學到了一件事。

盡力做好當下能做的事。
精誠所至，金石為開。

☑ 不要覺得不可能就乾脆放棄，應該做到不能做為止。說不定另一扇門就會為你而開。

到外面獨宿，與自己獨處

自古，美洲原住民流傳著一種習俗，小孩在成年前需通過一種成年禮，稱為「靈境追尋」（Vision Quest）。

他們到了一定年紀後，必須隻身到深出叢林，度過數日不吃不喝的荒野生活。

「靈境追尋」的目的是為了發現人生使命。投身於嚴酷的大自然環境中，能夠頓悟此生的意義。

對他們而言，明白自己的使命，就是「長大成人」。

於是，我想到一個現代人了解自己的途徑，算是一種現代版的「靈境追尋」。

我取名為「一人外出獨宿」。

這個「一人外出獨宿」是一個人的四天三夜「旅行」，可以在週五下班後直接下榻飯店，再於週一早上直接到公司上班。

「一人獨處」的時間十分寶貴，因此建議至少要住一晚，並且減少移動時間，選擇公司或自家附近的飯店為宜。

這個月的家計、業績的定額、小孩的養育、令人費心的同事關係……

將這些煩事暫且拋諸腦後，專心「與自己獨處」。

一人外出獨宿時，應關掉手機，或是開飛行模式。
三餐則利用客房服務或叫外送，也可外帶熟食回來吃。
重點是要確保不被干擾的時間與空間。

一人外出獨宿的目的是為了「了解自己」。

你可先決定一個主題，然後仔細探索真實的心聲。
例如，主題可設為今後的職涯規畫、與工作夥伴的關係、夫妻關係等。對哪些現狀感到滿足，對哪些現狀感到不滿足呢？
準備好紙筆，持續與自己的真實心聲對話吧。

此外，一人外出獨宿，是「淨化情緒」不可多得的好機會。
如果家裡還有別人，恐怕難以好好大哭一場。
可以在飯店房間裡邊看賺人熱淚的電影或動畫，邊盡情大哭，但要留意別吵到其他住客。

將積壓的情緒一次發洩出來，你會感動於你的神清氣爽！
然後，就能回到新的日常，好好生活了。

今天就跟自己好好聊一聊吧！

☑ 擬定「一人外出獨宿」計畫吧！建議是從週五晚上到週一早上，四天三夜。若有困難，至少應兩天一夜，也可多加利用飯店的日間住宿方案。

動物教我們「無條件的愛」

我老家養了很多隻貓。流浪貓一隻又一隻增加，最多曾有八隻。

我也很想養，但因為常在國內外出差，養貓很麻煩，也就半放棄了。

有一陣子我與當時的男友關係很僵。

我決定好好整理心情，改善兩人關係，於是突然想到「來養隻貓吧。」

此舉與其說是衝動，更接近一種「確信」的感覺。

我想起有家我在展示窗前佇足良久的寵物店，我感覺到「那裡一定有可以當我家人的貓咪」。

一小時後，我已經搭計程車把貓咪帶回來了。

我還記得回程的車上，我望見窗外澀谷街頭橫掛一道大大的彩虹，於是領會到這個「確信」果然沒錯。

在我人生處處碰壁、傷痕纍纍的時刻，那隻貓真是救了我。我與男友的關係改善了，我露出笑容的次數和程度都增加了。

從那時起和我一起生活的那隻貓，是我無可取代的家人。

和動物生活教會我一件事，「無條件的愛」。
我們只希望牠健康快樂地活著，絕不會期待牠「好好工作」、「乖乖聽話」。
如果對象是人，即便是親愛的小孩，不，正因為是自己的小孩，反而會有過多的「期待」吧。

感覺到無條件的愛時，你不會是單方面地付出愛。
這些愛，也會回到你自己身上。

請全心全意地感受動物帶給你的溫暖療癒吧。

☑ 不妨到寵物店或是寵物咖啡館、動物園去，與可愛
　動物們親密接觸吧！
　也可以看動畫、電影、相片集，好好沉浸在愛的氛圍中。

第 7 章

與真正重要的
人事物連結的
六種練習

── 事半功倍的方法 ──

回憶兒時「喜歡的事物」

有個朋友幾年前創立香水品牌，身兼老闆與調香師，忙得不亦樂乎，我聽說她在青山開了一家沙龍，前幾天特別去店裡祝賀。

位於靜謐住宅區的這家沙龍，是一間透天厝，裡面還有個小型中庭。

大片玻璃窗外綠意盎然，洋溢著南國峇里島風情，午後煦陽映入屋內，十分怡人。

室內一隅有張調香用的桌子，還有一個排滿了香水的櫃子。原來，好友自十五歲就開始收集香水，這些是他特別展示出來的部分收藏品。

看這些大小小小美麗的香水瓶，就知道她有多愛香水了。

「喜歡」這種情緒的力量太強了。

你應該也有這種記憶吧？
兒時能夠連玩幾小時，玩到渾然忘我。

那些我們最愛的事物，總是能帶我們到「忘我的境界」。

我在小學五年級時開始「寫詩」。

我有一本 B5 尺寸的筆記本，詩意興起便信手寫下來。

開始寫詩那時，正是我最痛苦的時期。

我碰到了一個拿出菜刀對我精神壓迫的導師，還有來自同學們的霸凌。

光是每天早上起床上學，就夠要我的命了。

兒時的我，不論做什麼都比別人慢半拍，尤其完全不知道如何加入別人的聊天。

心裡想說什麼，可嘴上就是吐不出字來。

笨拙的我成了眾人嫌棄的對象。

直到升上國中，我才終於交到朋友。

有一天，我在補習班看到有人在筆記本上寫小說，這件事成了我的轉捩點。

我們三個女生，同年級但不同班。

一個擅長寫作、一個擅長插畫、一個是漫畫高手，大家都熱衷創作。

我們會討論好要在各自作品中一起出現的主角與配角的姓名、性別，然後自由創作。

我選擇的是我當時很迷的推理小說。

上課時，為了不讓老師發現，我會將課本立在書桌上，擋住筆記本，然後一投栽進我的小說世界中。即便被罵，我也不以為意。

就這樣，我完成了三本筆記本份量的小說。

朋友和大人們傳閱我的小說，當然很開心，但更重要的是，我為寫出小說的我感到驕傲自豪。

為了抒發心情而開始「寫詩」這件事，帶給我情投意合的好閨蜜及莫大的歡喜。

由於不斷受到父母、老師、輿論、「常識」的影響，我們原本的「喜好」便日漸消滅殆盡。

正因為如此，在精打細算之前──計算那樣會不會賺錢、到處與人相比、考慮能否贏得讚美等──請先回憶十五歲以前的自己吧！

你在十五歲之前所喜歡的事物中，都有一個讓你「渾然忘我」的按鈕喔。

☑ 請回憶一下兒時讓你渾然忘我的事物。

保養身體，可以培養自信心

　　女性都要經歷每個月的生理期，還有懷孕、生產、更年期等，但是幾年前，大家都還一直視公開談論這類話題為禁忌。

　　公司雖設有生理假，但很多女生不敢向男上司請這種假，而以一般的請假為由。大家應該還記得，曾經有人認為「初潮來時請吃紅豆飯」習俗是一種性騷擾，於是在 SNS 掀起正反意見大戰。

　　明明是與自己切身相關的事，輿論卻視之為敏感話題，相信有不少女性朋友過去都對這件事感到尷尬吧。

　　近幾年，以科技解決女性身體煩惱的「女性健康科技」（FemTech）倍受注目。在車站內的商店也都買得到專用的香皂、乳液等產品。

　　這類話題能夠公開討論後，我就很常聽到周遭女性朋友們分享「私密處保養」的資訊了。

　　「私密處保養」有「除毛」、「使用專用香皂或乳液來保

養」、「陰道保養」三種。

除毛廣告不分季節隨時看得到，據說，越來越多四十歲女性會做私密處的保養。

隨著這股意識高漲，開始關心老後生活的人也增加了。

而我隨意問了友人，沒想到有除毛的人居然還不少。

這倒引起我的興趣了，於是我決定買一年的 VIO 雷射私密處除毛課程。

這套課程的保養方法非常多。我們都知道調理胃腸環境的「腸活」，而這裡有溫暖子宮環境的「溫活」，還有入浴後用乳液或潤膚油為私密處保濕，以及按摩等。

隨著年齡漸長，肌力逐漸衰弱，我會特別留意鍛鍊骨盤周邊的肌肉，但要「鍛鍊陰道肌肉」、做陰道按摩，實在很需要勇氣。

我也深深體認到，明明是自己身體的一部分，我們卻是如此無知。

過去我多次因害怕而裹足不前，整整花了兩年時間，才勇敢踏入保養大門。

終於要開始保養了，我感動到幾乎落淚。

　　我親愛的身體，我一直沒好好寶貝妳，真是對不起，我一直沒多加注意，真是對不起……

　　不重視、不關心，卻希望身體永遠健康不生病，這種想法多麼自私任性啊！

　　保養的感覺很棒，重要私密處溫暖起來，彷彿我整個人都被細心呵護了。

　　而且，我覺得我已能完全理解為何我周遭的女性朋友，包括我在內，要開始保養自己的身體了。

　　保養不單是為了健康、消除身體的擾人問題而已，它同時是一種恢復我們女性自信心的方法。

　　大家都知道要「愛自己」，但究竟該怎麼愛卻不知道。

　　保養不是抽象名詞，而是具體的「寵愛自己」。相信「寵愛自己」四字能打動很多女性朋友的心。

　　女性的價值很容易變來變去。

　　但，不應該如此才對。

　　年輕貌美、受異性青睞，向來被視為女性的價值及幸福所在，但是夠了，別再搞這套了，別再為了被愛而辛苦、犧牲自

我了。

　　更重要的是，妳應該好好愛自己，好好慰勞自己。

　　我深深覺得，培養自信心是在這個社會好好活下去的重要一環。

　　「珍愛自己」，讓身心雙雙獲得滿足後，我們女人就能真正斷開不珍愛我們的人。

　　妳若不珍愛自己，就不需要保養。

　　正是保養的力量和潔淨，在呵護著我們女人。

　　☑ 好好保養自己的身體吧！

　　　保養身體，也就是保養心靈喔！

相信的力量使人強大

我曾和四位女性朋友到西班牙進行一趟朝聖之旅。

就是鼎鼎大名的「聖雅各朝聖之路」，以安葬使徒雅各遺骨的聖地牙哥大教堂所在地聖地牙哥・德・孔波斯特拉城（Santiago de Compostela）為終點的徒步之旅。

完整行程是花三十天以上走完全長八百公里，但我們是從距離終點約一百二十公里處開始走，花了五天時間抵達。

這段路程從一千年前就吸引全世界不分宗教人士到此朝聖，基督教徒自然不在話下。

尤其在氣候怡人的季節，更是湧入大批朝聖者。

沿途皆有以朝聖者圖騰扇貝為綴飾的石頭路標，因此不會迷路，而且每隔數公里便有朝聖者專用設施，也有一晚才五歐元、十歐元左右的旅宿。

凌晨四點起床，簡單用完早餐，便在破曉時分開始行走。

沿途多為鄉間小路，用加利西亞地方特有的石頭堆起來的

房屋，傳出家禽家畜的屎尿味。

走累了，就用剛煮好的咖啡及西班牙歐姆蛋來療癒身心。

我們通常在傍晚五點左右走到當天的下榻目標。
一天走上三十公里，不但腳底起水泡，身體也都累歪了。
畢竟朝聖不是在比腳力和速度，我們只是每天一步一步往前走，終於全員抵達終點。
眾人在大教堂前分享喜悅時的感動與成就感，至今仍教人悸動不已。

出發後的前幾天，我們因為精神很好，都是邊走邊聊天。
但幾天後，大家自然各走各的，用自己的步伐前進。
一路靜默。
抵達終點後，我問其中一位友人，她說她越走越有這是一條神聖之路的感覺，因此全心全意邊走邊祈禱。

一千年來，除了近幾年不算，這條朝聖之路走來並不輕鬆。
走完全長八百公里的原動力是什麼？我想應該就是相信的力量、祈禱的力量吧。

我們的生活中，不可缺少「信仰」。

180

放眼世界，有宗教信仰的人占大多數。

即便在半數國民皆非教徒的日本，新年時也會全家去廟裡參拜，興建房屋時也會請神職人員舉行「地鎮祭」；經營者會在公司安設神壇；一到考季，考生們便會祈求金榜題名。

不要把祈禱當成特別的活動，日常生活中隨時可以祈禱。

每天早晨或晚上就寢前，雙手合十感恩祖先也行。

「相信」的力量能讓我們變得更強大。

☑ 請在一天中，找個時間雙手合十祈禱。

感恩健康平安、感恩祖先庇佑。請多加善用「相信」的力量。

與「心靈伴侶」的邂逅

有「漁夫鋼琴師」之稱的德永義昭。

他在五十二歲時邂逅了命運之人。

當他看到電視上「靈魂鋼琴師」富士子‧海明正在彈奏李斯特的知名難曲《鐘聲》（La Campanella）時，受到貫穿魂魄般的衝擊，並且動念：「我也想彈這首曲子。」

德永的妻子是音樂大學畢業的鋼琴老師，吐槽說：「這是鋼琴師都未必彈得來的曲子！」但德永不甩妻子的反對，把之前花在玩柏青哥的時間，甚至是打漁以外的時間，全部用來練習這首難曲。

後來，德永有機會和富士子‧海明在電視節目上共同演出，並且在他六十歲時，於富士子的演奏會上演奏，實現常年的夢想。

我也有一場命運的邂逅。

這場邂逅發生在我二十歲時。當時我參加了內閣府（當時

為總務省）主辦的「世界青年之船」國際交流活動。

　　在這項活動中，有來自海外及日本共十多個國家、十八歲至三十歲的年輕人搭上「日本丸」客船，為期一個月以上，在船上進行文化交流與討論，並在靠岸港口進行各種活動，這個「他」是來自墨西哥的參加成員。

　　他的名字叫浮士德，是墨西哥與愛爾蘭混血兒，母親是一名藝術家，他本人也熱愛旅行與歌唱，是位知性的文藝青年。

　　浮士德身材高大，明亮的卷髮長及腰部，我們兩人的外貌、性別、國籍、背景等完全不同，卻立刻氣味相投。

　　在船內的封閉生活很容易找不到新話題，但我對他就是不一樣。在咖啡廳、甲板上，有時在船內昏暗的走廊上，我們都能開心地聊上好幾小時。

　　不論什麼話題，我都流利地撂英文，連我自己都感到吃驚。

　　我和浮士德並非男女戀人關係，而是那種以靈魂相交的知己。

　　後來當我知道「心靈伴侶」這個辭彙時，我想對了，就是這種感覺。

　　浮士德回國後，我們的緣分就斷了，不過，用英文跟他天

南地北閒聊的經驗給了我信心，隔年我便去荷蘭留學。

　　而這段留學經驗，對我的生活方式及工作方式，皆產生莫大的影響力。

　　當我們接觸到某人的人生景況、作品時，我們會感受到「靈魂」的存在。

　　氣概、熱情、信念，以及艱難辛苦的半生……

　　一個人的靈魂，感化一個人的靈魂。

　　我們就活在這樣的互相影響之中。

　　☑ 對你而言，誰是你命運中的邂逅呢？
　　請想一想那個動搖你魂魄、帶給你不凡體驗的人吧！

意外之人打開的意外之門

這是我小學時候的事情。有一天，我和班上女同學一起走在放學的路上，突然有個漂亮小麥色肌膚的男性黑人騎腳踏車從我們身邊飛奔而過。

如今在我們這裡看到外國人並不稀奇，但三十年前可不一樣。而再次嚇我一跳的是，那個男人又騎著腳踏車回來，呼叫我們！

碰到這種場面驚慌失措是正常的，幸好，也真巧，和我在一起的同學是歸國子女。她很熟練地當場當起口譯。

根據朋友的翻譯，這個外國人問我們接下來有沒有空，他約我們到附近一間家庭餐廳，說是要教我們英文。

他來自美國，是個背包客，一邊環遊世界，一邊在所到國家的英語補習班短期打工。

如今回想仍覺得不可思議，我們居然沒有逃跑，還點頭說好。

我實在想不起他的名字，姑且稱他為「鮑伯」好了。

結果，一個外國人加上二個小女孩，怪異的組合，一起前往附近的家庭餐廳。課程結束後，我們再次相約哪一天的什麼時候在這家餐廳碰面，繼續上奇妙的英語課。

同學很快就膩了不來，但我出於守約定和對外國的好奇心，繼續跟鮑伯學了好一段時間。

有一天，我問他當時為何刻意回來找我們，他說：「我當時想，我要教這兩個孩子英語。」然後補了一句「當然，沒有其它意思」讓我放心。

那時我還只是個小學生，不可能不害怕，但心想家庭餐廳是開放空間，應該很安全，而且直覺「應該跟他學英語才對」。

上課很開心。每次答對都能得到讚美，讓我愛上英語。

我不記得最後一次見到鮑伯是什麼時候了。當時沒有手機，他沒辦法和還是小孩子的我取得聯繫，緣分自然斷了，但我想，「鮑伯應該是去旅行了吧」。

鮑伯現在應該五十多歲了吧，好想念他啊，不管他在世界的哪個角落，都希望他健康平安。

與我截然不同的瞳孔顏色，我一答對就會大大讚美我的笑聲，從嘴邊隱約可見的大白牙，每次下課都會和我握手的厚實手感。

因為英語而展開的遼闊世界。充滿驚奇與冒險的小學時光。鮑伯為我打開的潛能大門。

鮑伯是塑造今日之我的重要恩人。

☑ 請回顧人生，找出成為你生命契機的人。
好好回憶與他們在一起的時光，表達感恩。

所謂「原諒自己」

我們都想當自己的主人，不讓外人侵犯自己的領域，但另一方面，又想要與人建立深交。

與人深交的經驗，是無可取代的喜悅。

我有一位深交十年左右的心靈導師。

那是在我想獨立創業而熱衷參加各種研討班、演講會的上班族時代所遇見的人。

遇見他之前，我對他毫無所悉，但在朋友的邀約下去聽他的演講後，我有一種直覺。

當我看到這位登上講台的男人，瞬間我知道：「我尋找的就是這個人。」

我決定視此人為我的心靈導師，之後多次去找他，閱讀他出版的所有書籍，漸漸地，我連私人煩惱都去找他商量。

我出來創業後，仍與他及他的家人保持來往，但另一方面，我對他開始產生不滿。

當我發現他有某些不完美後，便失望透頂。

當他指出我不願意聽到的痛處，我就心生反抗。
於是有一天，我直接寫信，把我對他的不滿全部發洩出來。

發信後，我感到一陣淋漓盡致的痛快。
然而，沒多久，「這樣子好嗎？」開始忐忑不安。
經過心神不寧的十分鐘後，對方回信了。

真沒想到這麼快回信，我瑟瑟發抖地打開信件。
讀著讀著，淚水奪眶而出。
我抱著肯定被他責怪喜怒無常、難搞的覺悟，但我錯了。
他沒找藉口、沒有辯駁，通篇全是溫言軟語。
針對我受到的傷害與悲情，給予誠摯的安慰。

我大哭。剛剛的憤怒與不安徹底煙消雲散。
因為我被理解了。
我竟然被完全接受了。這樣的驚訝與感動充塞我心。

人都不完美。

受傷的我、不成熟的我，以及完全接受我的心靈導師，都

不可能完美。我們的內心都有黑有白，當然也有灰色部分。

你也不是完美的。

腦中描繪的模樣、生活、社會地位、「完美的自己」。或許你也因為這些與真正的你自己有所悖離而感到悽慘、悲哀。

此時，唯一的救贖就是「原諒」。
在這一連串事件中，我的理解又成長了一步。
關於「原諒」這件事。
我要原諒不成熟及不完美的、過去的自己與現在的自己。
並且，原諒和自己同樣不完美的人。

當原諒越來越深刻時，你就能解開內心的枷鎖，獲得更大的自由。
自由自在的你，會想做什麼呢？

☑ 原諒不完美的自己吧！
　　請寫下過去的自己、現在的自己和某某人「不可原諒的事」，然後一個一個放下吧！

「最終練習曲」
〜最想告訴你的事

感謝你讀到這裡,接下來是我最想告訴你的事。

這算是「最終練習曲」,請你務必一試。

我之所以退出 SNS,離開當時的人際關係、工作、一些與社會地位相關的事物,原因已在〈前言〉列出三大項。

但後來我發現,我其實是想要更多與自己面對面的時間。

過去,我真的很喜歡 SNS。

能與不認識的人交流,真的很開心,這點毫不誇張。

因此迎來意外的機會時,總是令人興奮。

每天都能有表現自己的舞台,我充滿感恩。

然而,隨之而來的被陌生人追蹤、注目,也帶給我不少壓力。

每天都有處理不完的「人生相談」、「求助聲音」,讓我不想面對。

我好怕被找碴,於是逐漸失去活力,失去原來的自己。

「明明不該是這樣的」的時候越來越多了。

終於，起初的喜悅、興奮、感恩之情，在各種事件與各種人際關係中一點一滴化為陰暗的情緒，侵蝕我眼前的世界。

因此，我不得不暫時退出。

世界恰似「無限反射鏡」。

透過 SNS、人際關係看見的世界，會如實反應出心靈狀態。

你內心某個不願認同的角落、心的「地雷」、還不能原諒的部分，都會如實映現出來。

換句話說，產生越多連結，鏡子的數目就越多。

要說為何 SNS、人際關係會令人如此痛苦，就是因為鏡子數目越多，越會呈現出自己內心的各種樣貌。

即便退出 SNS，只要與他人產生連結，不，我們只要與自己產生連結，不喜歡的、痛苦的、煩惱的種子就不會消失。

唯一的治療方法，就是斷絕連結。

暫時逃避也無妨，就像過去的我一樣。

不過，即便你退出 SNS，各種媒體還是會不斷向你推播訊息。

即便你與人保持距離，仍會有新的人出現，因為人際關係不可能徹底切斷。

　　如果被世上的主流常識綁住，你的世界便會永遠受到限制。

　　每當你產生負面情緒時，你那顆可以感受到喜悅與滿足的心，就會一次次蒙上鐵鏽。

　　在本書中，我從頭到尾都是站在你這邊，理解你目前的痛苦與愁惱，肯定你的存在價值。

　　然而，你和你的內心若不改變，世界也不會改變。

　　唯有重新檢視你的想法、你解讀人言的方式、看待事情的角度、獲得的資訊，並選擇調整及改變，反映在鏡中的世界才有改變的可能。

　　對我而言，與 SNS、資訊、人們「離線」的這七百五十天，是我專心面對自己、讓心冷靜下來的良機。

　　不只如此。它同時也是一趟「原諒自己」的心靈之旅。

　　原諒過去的行為、不成熟，原諒無法適當表達愛的自己。

　　不逃避丟臉、自我厭惡等痛苦情緒，徹徹底底面對自己。

　　就這樣，我將內心深處的「地雷」一顆一顆拆掉後，終於開始完完全全地喜歡自己了。

　　我心中有一股龐大的愛。當我發現這股愛一直都在，而且用我自己的方式不斷獻給別人、獻給社會時，我不禁痛哭流涕。

　　當自己可以由衷認定自己很棒時，這個世界會是多麼不一樣呢？請務必想像一下。

　　理想中的「完美桃花源」不在他方。
　　請打消來日讓自己更好的念頭。
　　就在此時此刻，就在你的心中，打造一個美麗新世界吧！

結語

　　二○二○年春，新冠疫情肆虐全球，日本首次發布緊急事態宣言之際，我老家飼養的黑貓「多啦」及虎斑貓「咪咪」相繼生病。

　　儘管我們悉心照顧了，五月，他們還是前後到天國旅行。

　　半年後，老貓「娜娜」也追隨他們的腳步去了。

　　貓咪們到天國旅行那天，都有奇妙的事情發生。

　　多啦走的那天下午，母親抱著他走出家門，就在開門的那一瞬間，突然一隻黑色大蝴蝶飛過來。

　　多啦是一隻體型龐大的黑貓。

　　母親表示，雖然那不是很稀奇的蝴蝶，卻是第一次在春天看到。

　　咪咪病危時也一樣。

　　就在他應該不久人世時，家中只有我一人。我因為照顧累了，就窩在咪咪身邊小睡一下，忽然聽到一聲「喵」而驚醒。

　　我以為我聽錯了，結果又一聲「喵」響起。

　　我趕快看向旁邊，奄奄一息的咪咪就在那，多虧這些

「喵」聲，我才能守護咪咪到最後一刻。

在我面對生死的這段時期，很多公司導入居家上班制度，也有不少人因此換工作或搬家。相信外表看不出來但精神上已出現變化的肯定大有人在。

幾年前我就有寫這本書的構想了，卻在送貓咪們去天堂後，才決定開始動筆。

因為在這之前，我退出 SNS，減少各種對外的連結，這幾個月正好可以讓我思考「我想連結的究竟是什麼？」

衷心期望讀完本書的你，能夠做出「離線」的抉擇，好好珍愛自己。

身為作者，我最大的心願就是各位都能與真正喜愛的人事物產生連結。

最後是我的愛貓喜坦，以及在天堂的多啦、咪咪、娜娜。與你們的美妙連結，是我完成本書的原動力。

謝謝你們！

於初夏的東京
安藤美冬

離線練習

作　　者：安藤美冬
編　　集：大隅元（PHP 研究所）
譯　　者：林美琪
主　　編：黃佳燕
封面設計：Rika Su
內頁編排：王氏研創藝術有限公司
印　　務：江域平、黃禮賢、林文義、李孟儒

出版總監：林麗文
副 總 編：梁淑玲、黃佳燕
主　　編：賴秉薇、高佩琳
行銷企畫：林彥伶、朱妍靜

社　　長：郭重興
發行人兼出版總監：曾大福
出　　版：幸福文化／遠足文化事業股份有限公司
地　　址：231 新北市新店區民權路 108-1 號 8 樓
網　　址：https://www.facebook.com/
　　　　　happinessbookrep/
電　　話：（02）2218-1417
傳　　真：（02）2218-8057
發　　行：遠足文化事業股份有限公司
地　　址：231 新北市新店區民權路 108-2 號 9 樓
電　　話：（02）2218-1417
傳　　真：（02）2218-1142
電　　郵：service@bookrep.com.tw
郵撥帳號：19504465
客服電話：0800-221-029
網　　址：www.bookrep.com.tw

法律顧問：華洋法律事務所　蘇文生律師
印　　刷：通南印刷有限公司
初版一刷：2022 年 5 月
初版三刷：2022 年 7 月
定　　價：360 元

國家圖書館出版品預行編目資料

離線練習 / 安藤美冬著 . -- 初版 . -- 新
北市：幸福文化出版社出版：遠足文
化事業股份有限公司發行 , 2022.04

ISBN 978-626-7046-58-6(平裝)
1.CST: 修身

192.1　　　　　　　111003740

TSUNAGARANAI RENSHU
Copyright © 2021 by Mifuyu ANDO
All rights reserved.
Illustrations by Nobue MIYAZAKI & Tomoe MIYAZAKI (STOMACHACHE.)
Photographs by Mifuyu ANDO
Design by Shiori KIRAI (entotsu)
First original Japanese edition published by PHP Institute, Inc., Japan.
Traditional Chinese translation rights arranged with PHP Institute, Inc.
through Keio Cultural Enterprise Co., Ltd.